Adam Georg Clarmann

# Geschichte des Hochstifts Wirzburg und dessen Fürstbischöffe

Ein Beitrag zur vaterländischen Geschichte. In zwei Abteilungen

Adam Georg Clarmann

**Geschichte des Hochstifts Wirzburg und dessen Fürstbischöffe**
*Ein Beitrag zur vaterländischen Geschichte. In zwei Abteilungen*

ISBN/EAN: 9783743477131

Hergestellt in Europa, USA, Kanada, Australien, Japan

Cover: Foto ©ninafisch / pixelio.de

Weitere Bücher finden Sie auf **www.hansebooks.com**

# Geschichte

des

# Hochstifts Wirzburg

und

deſſen Fürſtbiſchöffe.

Ein Beytrag

zur vaterländiſchen Geſchichte.

In zwey Abtheilungen.

Ich bin ein teutſcher Jüngling!  
Beym ſüßen Namen Vaterland  
Schlägt mir das Herz  
Und mein Geſicht wird feuerroth.  
Claudius.

Nürnberg,

bey Johann Adam Stein, 1792.

# Vorrede.

Ich glaube, die Herausgabe dieser neu-
bearbeiteten Fränkisch-Wirzburgi-
schen Geschichte werde nicht ganz
überflüßig seyn, zumal besonders die alte
Ausgabe, die unter dem Namen des Theo-
philus Frank im Jahre 1757 bey Raspe
zu Nürnberg herauskam, längst sehr selten geworden ist.

Die Bestimmung dieses Handbuches
der vaterländischen Geschichte für meine junge Landesleute, scheint mir ebenfalls
nicht ganz unrichtig zu seyn, weswegen ich
auch zum bessern Unterrichte derselben eine
kurze Geschichte und Schilderung der alten
Deutschen vorausschikte, welche zugleich
als Einleitung in jede besondere Landes-
geschichte angesehen werden kann. Im
Grunde ist sie freylich mehr für Schulleh-
rer als eigentlich für ihre Zöglinge bestimmt;

)( 2

stimmt; aus welcher Ursache ich auch nur im Anfange der Geschichte einige Winke gegeben habe, wie man sie jungen Leuten beybringen soll,  daß sie Nutzen daraus schöpfen.  In dieser Rüksicht hielt ich mich auch in der Folge der Geschichte mit Uebergehung der Anrede an die Jugend, blos an den Geschichtfaden.

Die verschiedenen Anmerkungen, Zusätze, Auslassungen und dergleichen werden genugsam zeigen, ob diese Ausgabe blos ein neuer Abdruk des Fränkischen Handbuches sey, oder ob sie noch einiges Verdienst mehr habe, als jene.

Anrede

# Anrede des Verfassers

## an seine junge Landsleute.

Das werdet ihr oft gehört haben, meine liebe junge Landsleute, daß man keinen rechtschaffenen und tugendhaften Mann antreffe, der nicht das Land, worinn er geboren worden ist, besonders werth schätze und liebe. Diese erhabene Neigung und Liebe zu unserem Vaterlande liegt sehr tief in unserm Herzen. Durch die mancherley Umstände, die uns von Kindesbeinen an in der Stadt oder dem Orte begleiten, worinn wir geboren und erzogen worden sind, wird uns vor allen das väterliche Haus, dann der Geburtsort, und zugleich das ganze übrige Land, worinn unser Geburtsort liegt, weit werther und theurer, als jedes andre Land, und jegliche Stadt ausser unserm Vater-

)( 3     lande.

lande. Sen es auch, daß die Lage und andre zufällige Umstände unseres Geburtsortes und unseres Vaterlandes nicht so schön, so angenehm, und der Boden nicht so fruchtbar und ergiebig ist, als anderwärts; so hat doch gerade dieser Ort, dieses Land, worinn wir geboren und erzogen wurden, weit mehr Reize für uns, und unser Herz hängt viel inniger und enger an ihm, als an allen auswärtigen noch so schönen Städten und ergiebigern Ländern. Das väterliche Haus, wenn es gleich eine kleine unansehnliche Hütte ist, ist uns noch nach vielen Jahren werther, als die herrlichsten Gebäude, die um dasselbe herum stehen. Ja, es thut uns sogar leid, wenn wir nach einer Entfernung von verschiedenen Jahren unsern ehemaligen Geburtsort wieder besuchen, und an der Stelle des Hauses, worinn wir einst geboren und erzogen wurden, nun ein neues obgleich weit prächtigeres Haus stehen sehen. Wir grämen uns insgeheim über den Anblick dieses neuen Hauses, und wünschen und seufzen jene alte väterliche Hütte wieder auf den Platz zurük. Alles übrige in unserm Geburtsorte, jede

Ecke,

Ecke, jeder Stein am Wege, jeder Baum und andre Kleinigkeiten mehr sind uns wichtig; wir sehen uns darnach um, und sehen in ihnen die Denkzeichen unsrer jugendlichen Spiele und schuldlosen unwiederruflichen Kinderfreuden. Und diese sämtliche Merkmahle der verflossenen Zeiten, wie weit wichtiger und theurer sind sie uns, als viele andre Dinge und Gegenstände der erhabenen Kunst und Pracht, die nicht geradezu auf unsre Jugendzeiten, auf unsern Geburtsort Bezug haben. Fraget euch selbst, meine Lieben, und spüret den geheimen oft nicht bemerkten Empfindungen nach, die ihr dann in euren Gemüthern habet, wenn ihr in euren Häusern, Zimmern, Gärten und andern Orten, mit denen ihr durch euren täglichen Besuch, durch eure muntern Spiele daselbst, genau bekannt waret, eine Veränderung bemerket; wenn ihr sehet, daß dieses Hausgeräthe, dessen ihr euch so oft bey euren Spielen bedienet, nicht mehr an dem alten Orte sich befinde, daß ein Baum im Garten oder Hofraume, dessen Schatten und süsse Früchte ihn euch oft so werth machte, mit dem ihr so vertraut

traut waret, nun nicht mehr da ſteße.
Es kränkt euch, und ihr werdet ſogar auf
den Menſchen, der den Baum umhieb,
ungehalten; und die ganze Gegend hat
nun, da dieſer Baum nicht mehr an ſei=
nem Orte ſtehet, vielen Reiz für euren
Aufenthalt und eure Unterhaltung ver=
loren.

Und ſo, wie ihr euer väterliches Haus,
und jeden Gegenſtand darinn, der jemals
mit euren Spielen und Geſchäften einiger=
maſſen im Verhältniſſe ſtand, vor allen
andern Dingen auſſer demſelben werthhal=
tet; ſo iſt es auch mit eurem Geburtsorte,
und dann mit eurem Vaterlande ſelbſt.
Die Liebe zu einem begreift auch die Liebe
zu dem andern ſchon in ſich, aber immer
iſt die Neigung für das väterliche Haus
die gröſte; und dann folgt der Geburts=
ort, und endlich das Vaterland ſelber, für
das euer Herz weit mehr Achtung und An=
hänglichkeit fühlet, als für jedes andre
auswärtige Land. Daher freut es uns
allemal in einem auswärtigen Lande ſehr,
wenn man daſelbſt wider Vermuthen einen
Landsmann antrift; die Freude aber iſt
dann doch noch gröſer, wenn man einen
ehe=

ehemaligen Jugendfreund oder Schulkam=
meraden, — und vollends die gröſte,
wenn man ſeinen Blutsfreund, Bruder
oder Schweſter ganz unverhoft antrift.

Wie wahr und richtig es mit dieſer
unſrer Vaterlandsliebe ſey, davon werdet
ihr ſchon verſchiedene Beyſpiele gehört ha=
ben, wenn ihr nämlich erzählen hörtet,
dieſer oder jener habe in der Fremde oder
auch nur an einem andern als ſeinem Ge=
burtsorte nicht gewohnen können, habe
das Heimwehe (die Heimkrankheit) be=
kommen; wie denn wirklich ſchon viele an
dieſer Sehnſucht in ihr Vaterland oder
ihren Geburtsort geſtorben ſind. So rich=
tig nun dieſe Erfahrungen und Beyſpiele
ſind, daß junge Leute an dem Heimwehe
geſtorben ſind, und ſo ſehr ſie, für die in
uns liegende Vorliebe und Neigung zu
unſerm Vaterlande zeugen; ſo kann man
dergleichen übertriebene Empfindungen der
Liebe zum Vaterlande doch auf keine Wei=
ſe billigen; ſie ſind an ſich ſchon nicht gut,
da ſie junge Leute, wo nicht um ihr Le=
ben, wenigſtens um einen großen Theil
ihrer Geſundheit bringen, indem dieſe
gar zu große Sehnſucht nach ſeinem Va=

 ter=

terlande die nämlichen Wirkungen zum
Nachtheile unsrer Gesundheit und der Gesellschaft hervorbringt, die jede unmäßige
Leidenschaft des Zornes, der Faulheit und
der Trunkenheit erzeugt. Diese übertriebene Neigung zu seinem Vaterlande ist also schon in Hinsicht auf unsre Gesundheit
nicht recht und erlaubt. Sie ist es ferner
auch in dieser Hinsicht nicht, wenn man
bedenkt, daß es das Wohl einzelner und
des ganzen Vaterlandes oftmals erheische,
daß junge Landeskinder auch auswärtige
Länder bereisen, sich nützliche Erfahrungen
und gute Kenntnisse sammeln, und, wie
man sagt, die Welt auch ausser ihren vä-
terlichen vier Pfählen kennen — und einsehen lernen, was man zur Verbesserung
seines Verstandes und Herzens unter den
Menschen verschiedener Lebens- Denk- und
Handlungsart sich alles sammeln und bemerken könne, um dann, wenn man sein
eigenes Hauswesen einmal anzufangen ge-
denkt, zu wissen, wie man alles gut und
vernünftig einrichten, wie man seine Haus-
genossen behandeln, und seine Kinder gut
erziehen könne, ohne auf den sogenannten
alten Schlendrian, das heist, auf jene Art
und

und Weise genau Rückſicht zu nehmen, wie es ſeine Vorfahren oder Eltern mit ihrem Hauswesen, mit der Behandlung ihrer Hausgenoſſen und der Erziehung ihrer Kinder gemacht haben. Das aber kann ein Menſch nun wohl nicht thun, wenn er in ſeinem Leben nie über ſein väterliches Haus hinausgekommen, ſich in der Welt nicht weiter umgeſehen, und nützliche Dinge zu lernen, und Erfahrungen zu machen, das Glück gehabt hat. So ein Menſch, der an ſich ſchon ſehr wenig richtige und nützliche Kenntniſſe und Begriffe hat, der überdies keinen gar zu aufgeheiterten und empfänglichen Verſtand, und ſonſt ſehr wenige, und meiſt ſchiefe und falſche Einſichten, Vorurtheile und angeerbte Unarten an ſich hat, kann ſchwerlich eine andre Art, ſein Haus und die Seinigen zu behandeln, wie ſichs gehört, annehmen, als die, welche ſeine Eltern gehabt und ausgeübt haben. Er macht es alſo, wie ſeine Eltern; wo ſie ihr Hauswesen und dergleichen ungeſchickt behandelten, da macht es der dumme Sohn wieder ſo. Wie ſie ihre Knechte und Mägde thun und arbeiten ließen, ſo müſ-

müssen es die Seinigen jezt ebenfalls machen. Gaben jene nicht genau auf ihre
Arbeitsamkeit und ihren Wandel acht, so
sieht er jezt eben so wenig darauf, ob
Knechte und Mägde getreu sind, ihre
Schuldigkeit thun, und ob sie nicht zu
Nachts das Haus verlassen. Die Erzie-
hungsart, die seine Eltern an ihm beob-
achteten, die nämliche übt er nun auch an
seinen Kindern aus. Bekam er brav
Schläge, und wurde er schmuzig auferzo-
gen, so haben nun seine Kinder gleichfalls
kein andres Schicksal zu erwarten. Die
Albernheiten und Vorürtheile, die man
ihm in der Jugend beybrachte, müssen
nun auch getreulich wieder auf seine Kinder fortgepflanzt werden; und dies geht
so fort, bis einmal ein Zufall dem ganzen
Wesen eine andere Wendung giebt, oder
eines der Kinder in der Welt bessere Ein-
sichten erhält, und den so lange her üblichen Schlendrian über den Haufen wirft.
Ihr sehet also, meine junge Landesleute,
wie groß der Nutzen für euch ist, wenn
ihr einst auch auswärtige Länder bereisen
und sehen könnet. Da müsset ihr aber
nie den Endzweck eurer Reise vergessen,
der

der da ist: allerley Gutes und Nützliches
zu erlernen, einst eurem Vaterlande Ehre
zu machen, und ihm gute Bürger nachzu-
ziehen; und gewiß werdet ihr das thun,
und nie den Endzweck bey euren Reisen
aus den Augen lassen, recht vernünftig
und gut zu werden, und eure Nachkömm-
linge mit möglichster Sorgfalt gleichfalls
gut zu erziehen, — wenn ihr euer Vaterland recht von Herzen liebet, und seine
Ehre und seinen Ruhm getreulich zu befördern gedenket.

Aber diese unsere Liebe fürs Vaterland
wird noch inniger und größer, wenn wir
wissen, wie ergiebig es an allen mehr als
nöthigen Lebensbedürfnissen sey, und wie
reichlich der gütige Schöpfer den vaterländischen Boden zum Ertrage der mancherley Erdenfrüchte, als Getraide, Wein,
Obst, Holz und anderer Dinge mehr, ge-
segnet und eingerichtet habe. Ihr müsset
ganz gefühllos seyn, wenn euch die große
Güte eures vaterländischen Grundes und
Bodens nicht zur heißesten Liebe für dasselbe anfeuern könnte. Lieben doch die
Lappländer und viele andere Nationen
mehr ihr mit ewigen Eis- und Schneege-
bir-

birgen ganz bedeckten Länder so sehr, daß,
obschon sie in ihrem Vaterlande die küm=
merlichsten Tage leben, und bey ausseror=
dentlicher Kälte und beständiger Nacht
kaum die nöthigsten Lebensmittel als ver=
faulte Fische und dergleichen haben, daß,
sage ich, sie fast allenfal sich zu Tod grä=
men, wenn man sie in ein andres Land
bringt, wo ein sanfterer Himmel, und
ein ergiebigerer Boden den Erdenbewoh=
ner erfreuet? Das nämliche gilt auch von
andern Nationen; der Schwede liebt sein
kaltes und steinigtes Vaterland so sehr,
wie der in lauter finstre Wälder und rauhe
Gegenden verbannte Thüringer. Der
Niedersachse ist trotz seiner unträgbaren
und dürren Sandflächen beynahe bekelbt=
gend stolz darauf, daß er ein Niedersachse
ist, und er verachtet beynahe jeden, der
nicht wie er in einer elenden Hütte auf
der Heide geboren ist.

Wie viel mehr hat nun euer an allem
so reichlich gesegnetes Vaterland, Fran=
ken, Anspruch auf eure Vaterlandsliebe
und Werthschätzung zu machen, da es so
mütterlich und gütig seine Schätze darbie=
tet, und euch mit den mehr als nöthigen

Le=

Lebensbedürfniſſen zu verſehen im Stande iſt. — „Noch mehr aber habt ihr Urſache dieß euer Vaterland vor jedem andern zu lieben; wenn ihr hören werdet, daß eben dieß euer Vaterland Franken ehemals unter allen deutſchen Ländern das angeſehenſte und wichtigſte Land war, und daß es von Jahrhundert zu Jahrhundert berühmte und große Männer und Regenten hatte, die den Ruhm der Franken immer erhielten und beförderten, wie ihr aus meinen nachfolgenden Erzählungen genugſam erſehen werdet.

Da ich aber nicht geſinnet bin, eine vollſtändige chronologiſche Geſchichte, ſondern nur einen gedrängten Auszug zu liefern, wobey ich mich einzig auf das, was für die Jugend nützlich ſeyn könnte, einſchränken werde; ſo werden eigentlich nur die Erzählungen der hauptſächlichſten Vorfälle, die ſich in jedem Jahrhunderte auf dem fränkiſchwirzburgiſchen Schauplatze zutrugen, und die Thaten der merkwürdigern Biſchöffe und Regenten, der Inhalt dieſes Buches ſeyn; aber die übrigen nicht weiter als dem Namen nach in der Geſchichte angeführten Biſchöffe unſers Va-

terlandes werde ich gleichfalls nur nach
ihrer Folge aufeinander bemerken, und
statt dessen mehr Rücksicht auf den Geist
eines jeden Zeitalters nehmen, und so viel
möglich, die jedesmalige Denk- und Handlungsart, die einem jeden Jahrhunderte
eigen war, zu schildern suchen, und zwar
allemal in Hinsicht auf diejenige Klasse
von Lesern, für die ich eigentlich dies Büch-
lein geschrieben haben will, nämlich für
euch, meine liebe junge Landsleute, denen man, nach meinem Erachten, kein
besseres Buch in die Hände geben, und
durch keinen Unterricht mehr nutzen kann,
als durch Geschichte, die den Verstand
vorzüglich aufheitert, und das zarte Herz
der Jugend zu den schönsten und erhabensten Gesinnungen und Grundsätzen vor-
bereiten, und zu ähnlichen schönen Thaten
entflammen kann.

Der Verfasser.

Erste

# Erste Abtheilung.

## Vom Jahre 791. bis 1412.

Inuenio apud sapientes, honestissimum esse, maio-
rum vestigia sequi, si modo recto itinere pro-
cesserint.

*PLIN.*

# Erste Abtheilung.

---

## Erstes Kapitel.

Einleitung in die Geschichte des Hochstifts
Würzburg und Fortsetzung der Geschichte
bis zum Jahre 791.

---

Freuet euch mit mir, meine jungen Landsleute, daß ihr Deutsche, noch mehr aber,
daß ihr Franken seyd. Ich werde euch jetzt
erzählen, wie angesehen, wie mächtig, tapfer,
redlich, treu und bieder, die alten deutschen
Nationen wären, unter denen die fränkische durch
mehrere Jahrhunderte die berühmteste und an-
gesehenste war.

Ehe ich die Geschichte der Franken selbst
zu erzählen anfange, will ich euch zuvor eine
kurze, aber doch, wie ich hoffe, treffende Schilderung der gesammten deutschen Nation vorle-

A 2       gen,

gen, und dann mich zu der einzelnen fränkischen wenden.

In den Zeiten der alten Römer wohnten, wie uns die römischen Geschichtschreiber melden, die Deutschen zwischen dem Rheine, der Nord = und Ostsee, Sermatien (Pohlen) und zwischen der Donau. So gar in Pohlen und bis gegen den Pontus Eurinus hin, und auch ienseits des Rheins hatten sie ihre Wohnplätze. Die Römer nannten das Land Germanien, und die Inwohner Germanen; diesen Nämen erhielten sie durch die Vertreibung der Gallier aus dem Lütticher Lande. Wann sie aber den Namen Deutsche zu führen angefangen, und ob dieser Name von einer ihrer vaterländischen Götter, oder sonst von einem ihrer Helden mit Namen Theut oder Thuisko seine Entstehung genommen habe, kann ich euch nicht sagen. Die Meinung der alten Deutschen war, ihr Stammvater sey ein Sohn des Gottes Teut, und Mannus (Mann), sein Sohn, sey aus der Erde hervorgekommen. Ohne meine Erinnerung sehet ihr schon, daß diese Meinung eine Fabel ist, aber sie sagt doch so viel, daß die deutsche Nation sehr alt, und schon lange zuvor, ehe sie den Römern zum Schrecken bekannt ward, vorhanden gewesen seyn muß. Der

römi=

römische Geschichtschreiber Tacitus, dem wir
die meisten Nachrichten von unsern alten
Stammvätern zu verdanken haben, hält dafür,
daß die Deutschen eine ganz besondere, ursprüngliche und mit andern Völkern unvermischte Nation gewesen seyn müssen, weil man unter ihnen im Betrachte ihrer Gesichtsbildung und
Leiber die gröste Aehnlichkeit wahrnahm. Nach
der Größe ihrer Körper waren sie mehr Riesen,
als gemeine Menschen. Die Römer nannten
sie insgemein nur erstaunlich grosse Wesen,
die beinahe in der Höhe sieben Schuhe maßen,
folglich um einen ganzen Schuh größer und höher waren, als andere Menschen. Hiezu kam
noch die fürchterliche Kleidung, die sie anfänglich trugen, die in nichts weiter als einer Ochs-
sen oder andern Thierhaut bestand. Den Kopf
der Haut schlugen sie über den Ihrigen, und so
ragten die Ochsenhörner hoch über ihre Köpfe
hervor; der übrige Theil der Haut aber hieng
über den hintern Theil des Körpers herab. In
der Hand führten sie eine schwere Käule (Prü-
gel) oder eine Stange, deren Spitze mit einem
Stük Eisen beschlagen war, und die ihnen
statt einer Lanze oder eines Spieses diente.
Sie bedienten sich auch noch der kleinern Spiesse, die sie Pfriemen nannten. Ihre Schilde

A 3       waren

waren anfänglich von Weiden geflochten, und
ungewöhnlich groß. Harnische und Helme kannten sie lange Zeit nicht, eben so wenig Pfeile,
denn es war ihnen lieber, sich mit dem Feinde
handgemein zu machen, und ihre persönliche
Tapferkeit zu zeigen, als mit Pfeilen zu schieß-
sen. Keine Nation liebte das Handgemeng so
sehr, als die Deutsche, alle andern wollten lieber gute Pfeilschützen seyn. Sie hatten auch
ihr Feldgeschrei, das sie besonders dann, wann
sich der Sieg auf ihre Seite lenkte, erst durch
ein leises Summen und Gemurmel anfiengen.
Dieß Gesumse wuchs nach und nach immer
mehr, bis es zum lautesten, weit hallenden Ge-
schrei ward. — Schmidts Geschichte b. D.
Theil I. S. 36 2c.

Weil sie am Vordertheile des Leibes ohne
Schutzwehre und Bedekung waren, so waren
sie da leicht zu verwunden. Diesem Mangel
aber halfen sie bald ab, indem sie den ganzen Körper mit Thierhäuten bekleideten, oder
mit einem andern Zeuge verwahrten. Ein andrer merkwürdiger Theil au den Körpern der
Deutschen waren die grossen blauen Augen
und goldgelben Haare.

So wie sie waren, konnten sie die grösten
Widerwärtigkeiten der Luft und des Wetters

aus-

aushalten. Ihre Wohnorte waren elende, mit Thierhäuten bedekte Hütten, die sie von einem Orte zum andern fortschleppten, wenn ihnen der bisher bewohnte Plaz nicht mehr gefiel, oder derselbe nicht mehr die nöthige Weide für ihr weniges Vieh darreichte. Ihre Lebensbedürfnisse bestanden beinahe einzig in geronnener Milch, wildem Obste, Wurzeln, Eicheln und Wasser. Etwas später hin aßen sie schon Fische, Vögel, Wildpret und Pferdefleisch, welches leztere sie für einen Lekerbissen hielten. Ihr Getränke war ein dünnes Bier aus Haber oder Gerste gebrauet, das sie aus den Hörnern der Auerochsen, die sie in den Wäldern erlegt hatten, oder aus Muscheln tranken, die ihnen zugleich zu Blaseinstrumenten dienten, und die sie bey ihren Gastmalen und im Kriege gebrauchten.

Die Männer und Jünglinge beschäftigten sich einzig mit der Jagd, wozu sie in dem, damals beynahe aus lauter Waldungen bestehenden Deutschlande Gelegenheit und Reiz genug fanden. Um das Hauswesen bekümmerten sich die Männer ganz und gar nicht, dieses musten die Weiber, Töchter und Knechte ganz allein besorgen. Mit ihren neugebornen Kindern hielten sie es so: Sie untersuchten das Kind sogleich nach seiner Geburt, ob es gesunde und ge-



rade

rade Glieder habe, und einen starken Körperbau
verspreche. Fanden sie es schwächlich oder an
irgend einem Theile des Körpers krüppelhaft,
so hielten sie es der Mühe nicht werth, es zu
erziehen, da es doch über kurz oder lang sterben
müße, indem es die strenge und harte Behandlung nicht aushalten könne. Sie vergruben es
daher in einen Sumpf oder ein Gewässer, oder
warfen es in den nächsten Fluß.

Wie gefällt euch, meine Lieben, dieß Be-
tragen unserer alten deutschen Vorfahren gegen
ihre siechen oder krüppelhaft gebornen Kinder?
Nicht wahr, dieß war in alle Wege unmenschlich und grausam von ihnen gehandelt? Ward
ein Kind krüppelhaft geboren, sagt, war es
seine Schuld, daß es nicht lauter gerade Glieder
hatte, wie andere? — Nein, das arme Kind
war gewiß bei der ganzen Sache schuldlos, und
es hatte, trotz seiner Schwächlichkeit das nämliche
Recht, von seinen Eltern Obsorge, Nahrung
und Erziehung zu fodern, wie die übrigen gesund gebornen Kinder. — Aber, meine Lieben,
glaubet ihr denn, daß jene Väter und Mütter
so unmenschlich an ihren Kindern würden gehandelt haben, wenn sie es besser verstanden hätten, und von dem Werthe eines Menschenlebens
besser unterrichtet gewesen wären? — Nein, gewiß

wiß hätten sie es alsdann nicht gethan; gerne
und mit Freuden würden sie das unglükliche
Geschöpf genährt und gepflegt haben, wenn sie
die Einsicht gehabt hätten, wie viel an dem Leben eines Menschen liege, er sey nun von gesunden und starken Gliedmassen oder nicht.
Danket eurem himmlischen Vater, daß iene
Zeiten der schreklichen Unwissenheit und Rohheit schon lange nicht mehr da sind; danket
ihm, daß er euch in Zeiten hat geboren werden
lassen, wo man nicht mehr so denkt und handelt, sondern wo es Eltern für ihre gröste Pflicht
halten, für das Leben ihrer Kinder, sie mögen
nun gesund oder zum Unglüke krank seyn, zu
sorgen, und was noch mehr des Dankes werth ist,
denselben eine Erziehung zu geben, die sie tüch-
tig macht, ihre grosse Bestimmung in diesem
Leben sich und andern zum Nutzen wohl zu erfüllen, und einst ewig dafür belohnt zu werden.
In der Folge der Geschichte werde ich euch die
wichtigen Vortheile, die euch, im Betracht eurer
Erziehung, dieses Jahrhundert, und besonders
euer Vaterland gewähret, deutlicher anzeigen,
und euch Ursache geben, daß ihr euch Glük
wünschen dürfet, in dieser Zeit und in diesem
Lande gebohren zu seyn.

                    Eh-

Ehe ich aber weiter gehe, muß ich aus der obigen Erzählung von der Erziehung der Kinder bey den alten Deutschen noch einen Umstand bemerken, der grosentheils Nachahmung und Befolgung verdient. Es ist dieser: Ich habe euch erzält, daß die Väter ihre Söhne von Jugend auf abgehärtet, in Wind und Wetter und in der grösten Kälte mit auf die Jagd genommen und in den damals üblichen und nöthigen Leibesübungen unterrichtet und zu vervollkommnen gesucht haben, weil Körperstärke und Gewandheit der Gliedmaffen, Geschiklichkeit im Laufen, Springen, Fechten und Jagen schlechterdings für ihre Umstände Bedürfniß war, ohne die sie weder ihren nöthigen Lebensunterhalt sich verschaffen, noch die stäten Anfälle der Feinde abwehren und verhindern konnten. Zugleich kam eben diese körperliche Beschäftigung, welches ihre einzige Sache war, mit der sie ausser dem Essen, Trinken, Schlafen und Faullenzen sich abgaben, zu sehr mit ihrer ganzen Denkart und mit ihrer grossen Rohheit und Unwissenheit überein, als daß sie auf den weisen Gedanken hätten kommen können: der Mensch sey zu etwas mehr, als zum Laufen, Hezen und Jagen bestimmt. Gut für uns alle, daß man bei uns längst nicht mehr glaubt,

der

der beste Läufer, Springer oder Jäger sey auch
der vollkommenste und verdienteste Mensch. Indessen, meine lieben , hatte doch diese Erzie-
hungsart, welche die alten Deutschen bey ihren
Söhnen anwandten , diese gute Seite, indem
sie die Körpertheile derselben durch beständige
Leibesübungen , und durch das Aushalten der
strengsten Witterung abhärteten, auf den Jag-
den, im Kampfe mit wilden Thieren und durch
das künstliche Springen über einige kreuzweis
übereinander gestellte und in die Höhe stehende
Spiesse oder Schwerter ihren Muth, ihre Herz-
haftigkeit in Gefahren und widrigen Schiksalen
anfeuerten und beförderten.  Der Gewinn dieser Leibesübungen war also ein gesunder, fester
und dauerhafter Körper,  in welchem zugleich
ein Herz saß, dem Furcht, Angst und Klein-
muth unbekannte Dinge waren.  So, liebe Landesleute, waren am Geiste und Körper die alten
deutschen Jünglinge beschaffen.  Suchet ihnen
ähnlich zu werden, wenn ihr ächte Nachkömm-
linge der alten Deutschen in Ansehung ihrer
Standhaftigkeit und Unerschrokenheit im Unglüke und in Gefahren seyn wollet.  Körperver-
zärtelung, Unmäßigkeit im Essen, Trinken und
Schlafen, Trägheit und Unthätigkeit sind Laster
und eine Schande für einen Deutschen.  Doch
wenn

wenn auch dieß nicht wäre, wenn ihr den ehrwürdigen Namen: deutsche Jünglinge auch nicht trüget, so sodert das nämliche schon eure Bestimmung, daß ihr dafür zu sorgen habt, einen gesunden und festen Körper zu erhalten, und zugleich euren Verstand durch gute Kentnisse und euer Herz durch tugendhafte Grundsäze zu veredeln. Ihr wisset, glaube ich, daß ein, durch unsre eigne Schuld kranker, siecher Körper, ein dummer, Kentnißleerer Kopf und ein verdorbenes Herz gleich unwerth sind, unter der menschlichen Gesellschaft geduldet, und der Rechte und Vortheile der übrigen rechtschaffenen Bürger theilhaftig zu werden. Ihr wisset das Sprichwort: wer nicht arbeitet, soll auch nicht essen, das heist, wer durch seine eigene Schuld nicht so viel gelernt hat, sich seinen Unterhalt ehrlich zu verschaffen, der verdient auch nicht, unter den Menschen gedultet zu werden. Das sind die Geseze des Staates und der menschlichen Gesellschaft; und eben so lautet auch der Inhalt der uns vom himmlischen Vater zugetheilten Bestimmung, welche zu erfüllen er uns mit so herrlichen Körper- und Geisteskräften versehen hat. Nüzliche Hand- und Kopfarbeiten sind es also, womit wir uns beschäftigen sollen, und so werden wir zu dem Zwe-

ke

te unserer Bestimmung gelanget, die nemlich
darinn besteht: die möglichste Glükseligkeit und
Zufriedenheit auf Erden, und die möglichste
Vervollkommnung unsres Herzens für ienes künf-
tige Leben. — O! meine Lieben, daß ich euch
diese Lehre von eurer Bestimmung auf Erden
recht warm ans Herz legen könnte; daß ihr nie
vergesset, aus welcher Ursache euch der gütige
und weise Schöpfer so schöne Körper = und Gei-
stesgaben verliehen hat! Immer besser, immer
vollkommener zu werden, dieß war sein Endzwek.
Darum ist unsrer aller einzige Bestimmung:
Zufriedenheit mit dem Stande, in dem wir uns
befinden, vernünftiges Benehmen in traurigen
Lagen, Arbeitsamkeit, nüzliche, nicht aber al-
berne Thätigkeit, Menschenliebe und beständ-
dige, unerschütterliche Zuversicht auf den,
der unser aller Vater und Helfer seyn will. Ich
wünschte, daß ihr diese Grundsäze nie ausser
Acht liesset, — wärlich, und wenn alles Uebel,
freilich ohne euer Verschulden, euch träfe, ihr
würdet standhaft stehen, und voll Vertrauens
auf den, alle seine Geschöpfe liebenden Vater,
muthig ausharren, in dem Sturme der Schik-
sale, und alsdann mit desto mehr Ruhe und
Zufriedenheit eure Laufbahn hienieden fortsezen.

Und

Und nun wieder zu unserm alten Deutschen zurük!

Oben habe ich euch gesagt, die Väter und ihre Söhne hätten sich einzig mit der Jagd beschäftigt, womit ich so viel sagen will, daß sie sich nämlich auſſer dem Kriege ganz mit derselben abgaben. Krieg war eigentlich ihre erſte und liebſte Beschäftigung; daher waren denn auch alle ihre übrigen Handlungsgegenſtände, ihre Religion, ihre Schauspiele, Luſtbarkeiten, Hochzeiten, kurz, alles rings um sie her war kriegerisch; ſelbſt ihre Weiber waren es, die mit ihren Kindern auf dem Rüken oder einem Laſtthiere ihnen überall im Kriege nachfolgten, im Treffen zunächſt an ihnen ſtanden, und durch ihr heulendes Zurufen ihren Muth entflammten, ja zu manchem Siege beytrugen, den ihre Männer nicht erfochten hätten, wenn sie sich Ihnen nicht auf der Flucht entgegen geſtellt, heulend ihnen ihre Kinder vorgehalten, und ihnen zugerufen hätten, erſt sie und ihre Kinder in Stüke zu hauen, ehe sie ihnen den Weg, weiter zu fliehen, eröfnen würden.

Aus der Gewohnheit der Deutschen, an keinem Orte sich lange aufzuhalten, oder einen beſtimmten immerwährenden Wohnort sich zu wählen, und aus ihrem groſen Hange zum Krie-

ges

ge und zur Jagd werdet ihr nun leichtlich schliessen, daß der Betrieb des Akerbaues sie wenig
bekümmerte. Und wirklich, so wie es auch
Tacitus sagt: „ie stärker und kriegerischer sie
wären, desto weniger arbeiteten sie; die Haus-
sorge und Wartung der Felder sey den Weibern,
Greisen und den Schwächsten im Hause überlassen, und der Mann bringe die Zeit mit Nichtsthun, als Schlafen, Essen, Trinken und Jagen zu. Nach und nach ward Arbeiten völlig
zur Schande.„ Eine Folge dieses so unbilligen
und schädlichen Vorurtheils unter den Stärkern,
als wenn Feldarbeiten unehrlich machten, und
nur für Unehrliche gehörten, war nachher in den
Ritterzeiten das Gesez: daß man zur Bear-
beitung der Felder nur Sklaven (arme Mannen) und Knechte gebrauchen dürfe, freie Leute,
(freie Mannen) müsten es sich zur Schande
rechnen, sich damit abzugeben. Daher kömmt
denn auch das annoch geltende unvernünftige
Vorurtheil, daß man den ehrwürdigen, thätigen und dem Staate höchst nöthigen und nüzli-
chen Bauer oder Landmann in Städten, mit
Geringschäzung und Verachtung ansieht und behandelt. Rechtschaffene und vernünftig denken-
de Männer thun dieß freylich nicht, und sie
halten den uncivilisirten Bauer, der ein ge-
treuer

treuer und emsiger Unterthan seines Fürsten ist,
für weit Achtungswerther, als einen ganzen
Haufen von dem nichts thuenden und Tage-
diebischen Stadtgesindel. Merkt euch das,
meine Lieben: jeder Mensch, er sey weß Standes
er wolle, muß euch werth und schätzbar seyn,
wenn ihr von ihm wisset, daß er ein ehrliches
und arbeitsames Glied der Gesellschaft ist: hingegen einen Faullenzer und, im übeln Rufe
stehenden Menschen, er sey nun ebenfalls weß
Standes er wolle, müsset ihr aus ganzem Herzen verachten.

Weil denn, wie ich euch gesagt habe, bei
den Deutschen alles, was sie umgab, eine kriegerische Form hatte, so war auch ihr Freiheitssinn
gleich groß, wie ihr Hang zum Kriege. Darum duldeten sie lange Zeit keine Städte, die
mit Mauern umgeben waren, unter sich, indem
sie ieden festen Plaz für eine, mit Garn umstell-
te Höle, und für Gefängnisse ansahen. Auch
von ordentlichen Todes- und Leibesstrafen wusten
sie lange nichts. Daß ein Mensch über das
Leben des andern Macht habe, dieß war ihnen
eine unbegreifliche Sache. Ihre Strafen bestanden bloß darinn, daß sie nach Gutbefinden
des Schiedrichters zur Entschädigung eine Anzahl Pferde und anders Vieh an den Be-
leidi-

leidigten oder dessen Verwandte abliefern mußten.
So erkannten sie auch lange hin keine Herrscher
und Fürsten über sich. Die Priester, Dru-
iden genannt, waren ihnen Gesezgeber, Gesez-
erklärer, Aerzte und Dichter. Diese leztern
nannten sie Barden, die zur Anfeurung anderer die Thaten der Helden besangen, und deßhalb
auch mit in den Krieg zogen, wo sie ihre Brüder gleichfalls durch Gesänge zur Tapferkeit auf-
munterten. Ihr Instrument war die Harfe.

Den Aberglauben, dem diese rohen Leute
natürlich sehr ergeben waren, nährten die Priester und Weiber, die sich mit dem Wahrsagen
abgaben, gar sehr. Der Umstand, daß man
damals ausserordentlich Hochachtungs- und Ehr-
furchtsvolle Begriffe von dem weiblichen Geschlechte hatte, machte, daß man den Weibern
allerlei übermenschliche Eigenschaften zuschrieb.
Daher glaubte man, sie hätten heimliche Ver-
ständnisse mit andern Wesen, freilich nur mit
bösartigen, durch deren Beistand sie ihre Künste in der Wahrsagerei ausüben könnten. Daher
trug man ihnen auch die schreklichsten Geschäfte,
und grausamsten Mordthaten, vor deren Verübung sogar der kaltblütigste Mann geschaudert
hatte, auf. Sie waren es, die bei den Cim-
bern die Gefangenen zu einem Kessel führten,

etliche Worte hinein murmelten, dann dem Unglüklichen jählings den Kopf zurükbogen, ihm
mit einem Dolche das Herz durchbohrten, und
aus den ausgeschnittenen Eingeweiden wahrsag-
ten. Man nannte sie Alraunen, (Alrunen,
Runen, von Run oder Geheimniß, oder von dem
Worte Raunen oder Murmeln) und weil sie
weise Kleider trugen, nannte man sie auch:
Weise Frauen, heilige, geheimnißvolle Frauen.
Sie gaben das Brausen in tiefen Schlünden, in
Wäldern, und das Brüllen der Thiere, so auch
die bange hehre Stille an schauerlichen Orten
für geheime Stimmen aus. Fast ganz so ist
noch der Begriff von den Hexen und Zauberin-
nen, aber eben so falsch und nichtig. — Ihre
Götter waren Sonne, Mond und das Feuer,
aber sie erbaueten ihnen lange keine Tempel,
weil sie nicht glauben konnten, daß sich ein
so großes Wesen in einen so engen Raum ein-
schliessen lasse. Zu ihren gottesdienstlichen Zu-
sammenkünften versammelten sie sich in Hainen
und Wäldern, wo sie ihre Heiligthümer und
Kriegszeichen aufbewahrten, und ihre Opfer
verrichteten. Daher waren ihnen auch die hohen Eichen so werth, wie auch die Quellen
und Brunnen an solchen Orten. Weil sie
ein künftiges Leben glaubten, konnten sie auch

den

den Tod gänzlich verachten. Die Freuden des Himmels (Walhalla) bestanden darin, daß sie glaubten, sie würden daselbst sich mit Gefechten belustigen, köstliches Bier aus großen Hörnern und aus den Hirnschädeln ihrer erschlagenen Feinde trinken. — Dem Todten gab man seine Waffen mit, sang ihm am Grabe ein Lobslied, und verbrannte zu seinem fernern Dienste in jener Welt seine Pferde, Hunde und Knechte. Sogar die Weiber musten sich auch oftmals bei den Gräbern ihrer Männer erhenken oder auf eine andere Weise sich ermorden. Daher sind die großen Gebeine, die man ehemals und noch jezt in alten Gräbern findet, keine Riesen = sondern Pferdeknochen. — Zuweilen gab man ihnen auch Geld mit. Wie nun nachher manchmal in einem solchen Grabe, das durch einen Zufall gefunden ward, neben dem Gelde auch Kohlen angetroffen wurden, so entstand nach und nach das lächerliche Mährchen, alte, in die Erde vergrabene Schäze seyen zu Kohlen geworden; welches ihr wol schon oft werdet gehöret haben. Die Grabstätten wurden, um das Andenken an die großen Männer lange zu erhalten, unter große Bäume, aufgeworfene Hügel, und unter Steinen von ungeheurer Größe errichtet ; die großen Steine sollten die darunter modernden Todten vor Be-

 unru-

unruhigung und Beraubung des Mitgegebenen
schüzen. — Noch iezt giebt es unter dem Volke
verschiedene abergläubische Meinungen von den
Todten und dergl. wie ich euch deren ein andermal mehrere anzeigen werde.

Ihre Strafgeseze giengen besonders dahin:
Leute, die aus dem Treffen entflohen, die man
daher Heresschlitze (Herisliz) nannte, wurden oft mit dem Tode bestraft; denn Furcht-
samkeit und Zaghaftigkeit war in ihren Augen
das verächtlichste und unausstehlichste Laster.

Verbrechen gegen die eheliche Treue waren
die seltensten Vorfälle unter ihnen, und sie wurden aufs schimpflichste bestraft. — Durch die
Bekanntschaft mit andern Nationen, besonders
mit den Römern, lernten sie auch mehrere Bedürfnisse kennen, und bald sah man sie nicht
mehr nakt, sondern in Kleidungen, die aber
knapp auf dem ganzen Leibe anlagen. Die
Weiber musten auch bald zu ihren leinenen
Kleidern, purpurfarbene Bänder haben. So
wie sie ohnehin immer Freunde des Trinkens gewesen waren, musten sie auch bald mit dem
Weine sehr bekannt und vertraut werden. Um
dieß alles und viele andere Bedürfnisse mehr,
die sie nach und nach kennen gelernt hatten,

sich

ſich zu verſchaffen, droheten ſie nur ihren reichern Nachbarn, beſonders den Römern, daß ſie ihre Provinzen plündern wollten, und ſie erhielten ſogleich, was ſie verlangten; ſo furchtbar waren ſie in Kurzem den Römern, die vormals alle Nationen unter ihre Botmäßigkeit zu bringen im Stande waren, geworden, daß ihnen dieſe ihr Zuhauſebleiben und Nichtsthun bezahlen muſten.

Oben habt ihr ſchon gehört, daß Deutſchland Anfangs eine ganz andere Geſtalt hatte, als die jetzige iſt. Ungeheure Streken von Waldungen, Sümpfe und unzugangbare Pläze waren beinahe alles, was man kurz vor und nach Chriſti Geburt in Deutſchland ſah. Cäſar ſagt: der Harzwald mache in der Länge 60 und in der Breite neun Tagereiſen aus. Plinius ſagt: die Eichbäume bedekten ganz Deutſchland, und vermehrten die ohnehin große Kälte durch ihre Schatten noch mehr. Obſtbäume waren Anfangs auch ganz unbekannt auf deutſchem Boden, und die Römer hielten es für ganz unwahrſcheinlich, daß Obſtbäume in Deutſchland gedeihen, und genießbare Früchte tragen könnten. Andere Gartengewächſe waren ebenfalls in Deutſchland fremde Dinge. Nichts



als

als eine Art Paſtinaken, wilder Spargel, und große Rettige gediehen in dem kalten Erdreiche. Die nach Chriſti Tod nach Deutſchland gebrachten Kirſchbäume trugen lange Zeit keine andere Früchte, als ſolche, die eine ſchwarze, rothe und grüne Farbe hatten, und nie zeitigen wollten. — Die Getraidarten waren Haber und Gerſte, woraus man eine Art Muß, Suppe, Brey und Bier bereitete. Viehzucht gedieh am beſten auf deutſchem Boden, und darin beſtand auch der gröſte Reichthum der Deutſchen, doch ſoll das Hornvieh ſehr klein und unanſehnlich geweſen ſeyn. Auf Pferde, die ebenfalls in Menge vorhanden waren, hielten ſie wegen der Jagd, des Krieges, und wegen des guten Geſchmacks, den ſie am Pferdefleiſch fanden, gar viel. So aſen ſie auch Haſen, Bieber, Störche und Krähen ſehr gerne. Auerochſen und Elendthiere waren gleichfalls ſehr häufig zu finden, und auf dieſe war auch ihr meiſtes Jagen gerichtet. Unter den Fiſchen iſt beſonders der Rheinſalm und Hauſen bey ihnen bekannt und einheimiſch geweſen. Silber-Gold- und andere Metallbergwerke waren ihnen lange unbekannt. Wenige Salzquellen und Bornſtein, den ſie Glaß nannten, fand man daſelbſt.

Aus

Aus allen dem ersehen wir genugsam, wie wenig Bedürfnisse die alten Deutschen gehabt haben müssen, da sie so wenig nuzbare und brauchbare Gegenstände um sich hatten. Und gerade diese wenigen und so einfachen Bedürfnisse waren es, die sie zu den furchtbaren Männern machten, welche nichts fürchteten, als dieß: der Himmel mögte einfallen, das heist: Furcht und Schreken waren ihnen beinahe ganz unbekannte Dinge. Ihr gesunder, riesenmässiger Körperbau, ihre Stärke und kriegerische Tapferkeit machten sie allen andern Nationen, und besonders den sonst unüberwindlichen Römern furchtbar. Hätten sie aber eine weichliche und luxuriöse Erziehung gehabt, so wären sie sämtlich Schwächlinge und Sklaven der Krankheiten und der mächtigen Völker geworden. — So aber vermogten sie mit ihren ausserordentlich großen Kräften und mit ihrer alles ertragenden Gesundheit die sonst mächtigsten Feinde zu überwinden, und sich ihnen furchtbar zu machen. Ihr ersehet hieraus genugsam den augenscheinlich großen Nuzen einer strengen und mäßigen Lebensordnung. Denket, daß wir ebenfalls Deutsche sind, und daß es Schande für uns ist, elende Schwächlinge zu seyn, und immer kränkelnde Körper herumzuschleppen. — — Von den Qualen



eines

eines verzärtelten und durch Weichlichkeit, Unmäßigkeit und verkünstelte Speisen vergifteten Körpers will ich gar nichts melden. Eigene leidige Erfahrung wird euch dieß schon weit besser gelehrt, und euch mit den traurigen Folgen des Luxus und der Schwelgerey bekannt gemacht haben, und in der Zukunft noch schmerzlicher darüber belehren, wenn ihr euch nicht bei Zeiten eine mäßige und mit wenigem zufriedene Lebensart angewöhnet. Unmäßigkeit im Essen und Trinken, und die Nachsicht, die man den leidenschaftlichen Ausbrüchen des Zorns, des Ehrgeizes, der Traurigkeit und der Unzufriedenheit gewährt, zerstören alle Gesundheit, und immerwährende Qualen an Leib und Seele nebst einem frühen Tode sind die unausbleiblichen Folgen davon. — Lieben Kinder, merkt euch dieß, und vergesset nie, was für ein edles Geschenk die Gesundheit und Ruhe des Herzens ist. Ihr möget alles besizen, und ihr seyd ohne Gesundheit und Friede des Herzens doch höchst unglüklich, und traget eine qualvolle Hölle in euch herum. Arbeitsamkeit und strenge Enthaltsamkeit von aller Unmäßigkeit ist die beste Arzney zur Erhaltung der Gesundheit und aller übrigen körperlichen und Geisteskräfte.

Wie

Wie tapfer und furchtbar die alten Deutschen den Römern waren, das bezeugen die eigenen Schriftsteller der leztern an mehr als einem Orte. Seneka sagt von ihnen: „was
ist herzhafter, als die Deutschen; was im Angriffe heftiger, was begieriger nach Waffen, in
denen sie gebohren und erzogen werden, auf die
sie ihre einzige Sorge verwenden, da sie alles
übrige vernachläſſigen? man gebe diesen Körpern,
diesen Gemüthern, die nichts von Ueppigkeit,
vom Wohlleben und von den Reichthümern wiſ-
sen, Vernunft und Kriegsübung, und wir
werden bald genöthiget seyn, die altrömischen
Sitten wieder anzunehmen. “ Das nämliche
Geständniß legten auch ihre übrigen Freunde und
Feinde ab, von denen es sich manche zur Ehre
rechneten, ihren Ursprung von ihnen herzuleiten.
Den Römischen Kaisern und Feldherren war
kein Titel lieber und ehrenvoller als der Titel:
Germanikus. So hielten sie auch zu Rom
Triumpfe über die Deutschen, und indeſſen waren die ehrlichen Deutschen immer unbesiegt,
und ihre eigenen Herren. Man prägte sogar
Münzen, worauf Deutschland als überwunden
vorgestellt war, und mit den nämlichen Münzen
zahlte man auch den Deutschen den Tribut dafür, daß sie ihnen nicht in ihre Provinzen ein-

B 5

fielen.

fielen. — Julius Cäsar, der aufrichtig genug
ist, und den Deutschen, nebst dem Ruhme der
Tapferkeit auch einen guten und gelehrigen
Kopf zugesteht, hatte kein angelegeners Geschäfte, als die Deutschen mit ihrem Könige Ario-
vist (Ehrenvest) aus Gallien, wohin sie über
den Rhein her waren gerufen worden, hinaus zu
schaffen, und von den römischen Provinzen entfernt zu halten. Man betrachtete den Rhein
und die Donau als die besten Wehrmauern gegen ihre Einfälle, dann aber, wenn diese
Flüsse zugefroren waren, hatten sie diese schreklichen Gäste gewiß bald in ihren Ländern, die
sich denn auch durch alle Opfer, die man den
Göttern schlachtete, um diese furchtbaren Deutschen von den Gränzen der Römer abzuhalten,
nicht hindern liessen, bei ieder Gelegenheit ihre
reichen Nachbarn heimzusuchen, und sich Bedürfnisse zu holen.

Durch die nachherigen Bedrükungen, welche die gefangenen Deutschen von den Römern
ertragen musten, indem sie grausam genug waren, solche zu den schwersten und gefahrvollsten
Arbeiten zu verdammen, sie zu zwingen, daß
sie einander selbst durch Fechtspiele und Kämpfe
mit wilden Thieren aufrieben, und sie überhaupt äusserst sklavisch zu behandeln, hiedurch,

sage

sage ich, wurde sehr wahrscheinlich der Haß der Deutschen gegen die Römer ausserordentlich vermehrt, und dieß um so viel leichter, da die Deutschen eine solche unmenschliche Behandlungsart gar nicht kannten und an sich schon verabscheuten. Sie hatten zwar auch Knechte und Sklaven, aber sie so unmenschlich zu behandeln, wie es die civilisirten Römer thaten, dazu war das Herz selbst des rohen Deutschen zu empfindsam. Aber doch ertrugen diese Unglüklichen, die in die Hände der Römer gerathen waren, alle Bedrükungen ganz gedultig. Als aber Quintilius Varus mit dem römischen Beile und den Ruthen kam, um sie mit diesen in ihren Augen so abscheulichen Strafwerkzeugen zu züchtigen, konnten sie sich nicht länger zurükhalten. Wuth und Rache belebten sie; sie durchbrachen die Fesseln, und der Untergang des ganzen römischen Heeres sammt dessen Anführer, dem Quintilius Varus, war die nächste Wirkung ihrer gereizten Gedult. Nun rükten sie unaufhaltsam vor, und vertrieben überall die alten Einwohner der Länder. Niemand vermochte ihnen mehr zu widerstehen, und in Kurzem waren alle europäischen und ein grosser Theil der afrikanischen und asiatischen Länder mit lauter Deutschen Völkern besezt, und die

alten

alten Bewohner der Länder aufgerieben oder ver=
jagt. Ihre Herrschaft wuchs immer mehr an,
die Throne kamen in ihre Hände, und nach
manchem Jahrhunderte war und blieb der auf
deutschem Grund und Boden lebende Einwohner
noch immer vor allen andern Nationen, ob sie
gleich von ihm ihren Ursprung genommen hat=
ten, der tapferste und mächtigste.

Unter den deutschen Völkern die im dritten
Jahrhunderte nach Christi Geburt, aus ihren
Wohnorten aufbrachen, waren besonders die
Gothen, Allemanen und Franken, welche
letztere, wie wir bald hören werden, unter allen
Deutschen Völkern die berühmtesten waren.
Aurelius Victor meldet von ihnen, daß sie
schon unter Kaiser Gordian ganz Gallien
(Frankreich) durchstreift, und bis in Spanien
gedrungen wären.

Ob die Franken (Freie, freie Leute) eine
eigene ursprüngliche Nation sey, wissen wir
nicht. Sie sollen Anfangs in den nordischen
Gegenden von Holstein, Lauenburg und ei=
nem Theile von Meklenburg gewohnt, sich
dann nach dem Markmännischen Kriege in die
Gegenden von Thüringen und dem Saalgau
in unser Vaterland Franken, von da endlich

an

an den Rhein gezogen haben, wo sie sich mit den Hessen und andern Rheinländern vereinigt haben. Sie hatten, wie noch heutiges Tages die Schweden und andre Bewohner von Norden, unter ihrem Waffengeräthe eine Art Beile, die mit einem Widerhaken versehen waren. Mit diesem Beile suchten sie den Schild des Feindes zu durchhauen, den sie sodann mit einer ausserordentlichen Geschwindigkeit an sich zogen, und mit dem Beile den unbedekten Körper des Feindes zu verwunden suchten. — Nach Kaiser Aurelians Tode, fielen sie aufs neue in Gallien ein, Kaiser Probus aber trieb sie über den Rhein und Nekar zurük. Ein Theil von ihnen muste auf des Probus Veranstaltung nach Thrazien wandern, aber Klima und Arbeit stand ihnen nicht an, und sie wagten es einiger Fahrzeuge sich zu bemächtigen, stiegen in Griechenland und Afrika verschiedenemale ans Land, plünderten es, kamen nach Sizilien, eroberten die Stadt Syrakus, und schiften aus dem mittelländischen Meere in den Ocean, und kamen glüklich wieder in Deutschland an.

Indessen die Franken und Allemannen am Niederrheine und in Gallien den Römischen Kaisern alle Hände voll zu thun machten, brachen auch die Schwaben, Burgunder,

Vat

Baiern, Sachsen und andere deutsche Völker auf, ihr Heil an den Römern zu versuchen.

Unter Kaiser Julian nahmen endlich die Franken die Stadt Köln ein, welches der Schlüssel zu den römischen Provinzen am Niederrheine war. Diese Stadt war von jeher den Deutschen ein Dorn im Auge gewesen. Die Allemanen hatten alle Städte von Straßburg bis Mainz inne, ohne eigentlich dieselben zu bewohnen, weil, wie ich euch erzählt habe, Städte mit Mauern in den Augen der Deutschen nichts als Gefängnisse waren, daher sie immer nur um dieselben her ihre Wohnpläze aufschlugen. Julian vertrieb sie zwar, aber alle Winter kamen sie wieder und plünderten Gallien und die römischen Provinzen am Rheine. Um nun diese beständigen Einfälle zu verhindern, baute er Zabern, indem sie allemal bey diesem Orte vorbeyzogen, um in Gallien einzubrechen. Allein — noch ehe die Vestung Zabern ganz ausgebauet war, waren sie den Römern schon wieder auf dem Nacken, schlugen das römische Heer, und verjagten die Ueberwundenen bis nach Basel, von da sie mit großer Beute nach Hause zurückkehrten.

Nebst

Nebſt den Gothen, von denen wir oben ſchon gehöret haben, erſchienen nun auch die Hunnen, Alanen, Slaven, und viele andere nomadiſche Völker mehr, die in Kurzem ganz Deutſchland in Aufruhr brachten, und alle ſeine Bewohner zu neuen Heerzügen anreizten. Die Römer verlohren hiedurch eine Provinz nach der andern, und im fünften chriſtlichen Jahrhunderte hatten die Franken ſchon einen großen Theil von Gallien inne, und von da fängt die fränkiſche oder franzöſiſche Geſchichte an, ihre Könige, worunter Klodowig (Ludwig) der erſte iſt, der ſich zum chriſtl. Glauben bekannte, zu bemerken, wie ſie einander auf dem Throne gefolgt ſind. Italien war auch ſchon in den Händen der Gothen, Hunnen und der nachher angekommenen Longobarden (Langbärter). Von dieſer Zeit an hatte Oſt-Franken ſeine Herzoge; wie auch Baiern, Thüringen, Sachſen und andere deutſche Länder; ſie waren ſämtlich den fränkiſchen Königen zinsbar. — Pipin, der Majordomus, machte ſich auch die Frieſen und Sachſen zinsbar. Sein Sohn Karl der Große ſtürzte das ganze Longobardiſche Reich über den Haufen, und war der erſte Kaiſer, der aus einer deutſchen, und zwar aus der fränkiſchen Nation gewählt ward. Die

Die eigentlichen Einwohner von Ostfran=
ken oder unserm Vaterlande, sollen zu erst am
Rheine in Frießland und Geldern gewohnt,
und ihre Herzoge gehabt haben. Bald nach
Christi Tode geschah es, daß die Thüringer
und Schwaben mit einander im Kriege ver-
wikelt wurden. Erstere riefen die am Rheine
wohnenden Franken um Hülfe gegen die Schwaben, boten ihnen auch einen Theil des Landes,
das ihnen gehörte, zum Besitze an. Der fränki=
sche König Klodomir schikte sogleich seinen
Bruder Genebald, der mit etlichen 40000.
Mann den Rhein heraufzog. Die Thüringer
sahen nun, daß sie sich selbst einen neuen Feind auf
den Hals geladen hatten, und hielten es daher
für besser, sich von dem Maingau oder der
Maingegend bey Wirzburg hinweg, bis an
den Thüringer Wald zurükzuziehen. Dieß
soll im vierten Jahrhunderte geschehen seyn.

So wie vorstehende Erzählung lautet, wie
nämlich das heutige Ostfranken entstanden seyn
solle, findet man sie in allen Geschichtschreibern
vom Abte Joh. Trithelm an bis zum nächsten
besten neuesten Schriftsteller über diesen Gegen=
stand, der die Erzählung von der Entstehung der
Ostfranken dem benannten Abte getreulich aufs
Wort geglaubt und für wahr angenommen hat.

Nun

Nun ist aber bekannt, daß Tritheim über die Geschichte der Franken gar mancherley Mährchen zusammengedichtet, und ganz grundlos bekannt gemacht hat, wie z. B. unter andern auch die Successionsfolge der Ostfränkischen Herzoge seine Dichtungsarbeit ist; wir finden es daher für nöthig, von dem Ursprunge des heutigen Frankens die Erzählung eines andern Gewährsmannes hier anzuführen, eines Gewährsmannes, sagen wir, der das, was er hierüber berichtet, nichts weniger als aus seiner Fantasie entnommen haben kann, wie Abt T. sondern von dem man vermuthen darf, er habe nach langer Untersuchung der Sache und mancherley alten Schriften und Urkunden folgende Umstände als die zuverläßigsten Nachrichten aufgefunden, die man über die Entstehung des Ostfrankenlandes mit Grunde ertheilen kann. J. Kremers Geschichte des Rheinischen Franziens enthält S. 397 — 400 folgendes über diese Sache.

Das Ostfranken (Francia orientalis) war erst unter dem Namen von Thüringen begriffen. Klodowig der Große legte 491. den Thüringern einen Tribut auf. Sein Sohn König Theodorich I. von Austrasien gieng noch weiter, und machte das Thüringerland

C                                        sich

sich ganz unterwürfig, indem er sogar den Königsstamm vertilgte, der bisher das Land regierte. Doch muste er diese seine Eroberung mit den thüringischen Nachbarn auf der Nordseite, nämlich mit den Sachsen theilen, die ihm zu diesem Lande verholfen hatten. Die Unstrut wurde die Gränze zwischen Sachsen und Thüringen. Südthüringen bekam iedoch von Nordthüringen keinen andern Namen, sondern blieb bey seinem alten Namen. Aber die fränkischen Könige vertrauten doch das alte und eigentliche Thüringen, und das entfernte mittägige oder das nachherige Franken nur einem Herzoge an, dessen Thüringisches Herzogthum den Odenwald, Neckar und die Unstrut zu Gränzen hatte. Ein solcher Herzog war Radulf, den König Dagobert, 630. über die Thüringer setzte, als die fränkischen Staaten durch die oftmahligen Einfälle der Wenden sehr beunruhigt wurden. Und diese Slavischen Völker sind es, die anfänglich über der Donau im Kärnthischen gewohnt, sich dann über dieselbe herüber begaben, und besonders an der Rednitz in dem nachherigen baierischen Nordgau sich niedergelassen haben. Auch gehören hieher die Soraber, Slaven, die zwischen der Saale und der Elbe gewohnt, und die sich die

Wen=

Wenden ebenfalls unterwürfig gemacht haben. Die eigentliche fränkische Oberherrschaft über Thüringen bestand um diese Zeit nur noch dem Namen nach; da dieser Herzog Radulf sich fast dem fränkischen König gleich achtete. Dieses Radulfs Sohn war Hettan der ältere, und sein Enkel Gozbert (Goßbert). Der leztere hatte seinen Siz zu Wirzburg. Unter ihm kam der heilige Kilian mit zwey andern dahin, um den christlichen Glauben, der bis auf diese Zeiten unter den Deutschen in diesen Gegenden unbekannt war, zu predigen, und den Gözendienst zu stürzen. Seine Ankunft soll im Jahr 688 geschehen seyn.

Der h. Kilian oder Killemann war ein Schottländer, und seine zwey Reise- und Bekehrungsgenossen hießen Kolonat oder Kollmanit und Theodnat oder Todmann (Göttmann). Er stund mit dem Herzoge Goßbert einigermaßen in Verwandschaft; und dieß erwarb ihm bald Zutritt zu ihm. Bald nahm er denselben ganz für das Christenthum ein. Und nun zeigte er ihm die Unzuläßigkeit der Ehe, die er mit Gailana oder Gaila, auch Geisa, seines Bruders Weibe, bisher geführt hatte. Goßbert sah es ein, und äußerte schon, daß er die Gailana von sich schaffen wolle: Weil er er aber indeſſen irgend wohin eine Reiſe machte, benuzte das tükiſche Weib die Gelegenheit, und ließ Nachts den h. Kilian mit den zwey übrigen Gefährten deſſelben, als ſie eben im Gebete begriffen waren, überfallen, und ermorden. Ihre Leiber wurden in dem Pferdeſtalle verſcharret. Goßbert ſtaunte nach ſeiner Zuhauſekunft nicht wenig, als ihm Gailana hinterbrachte, die drey heiligen Männer hätten ihren Stab weiter geſezt, und würden wahrſcheinlich bald wieder kommen. Goßbert konnte ſeinen Argwohn, den er bey dieſer Nachricht ſchöpfte, nicht völlig ſo bergen, daß es Gailana nicht bemerkt hätte. Schon dieß ließ ſie nichts gutes ahnden. Hiezu aber kam noch, daß Goßbert anfieng, ſeinen Argwohn immer mehr zu äuſſern, und ſie von ſich zu entfernen. Dieß alles brachte ihre Wuth auf den höchſten Grad. Sie wuſte alle ſeine Anſchläge gegen ſie nicht beſſer zu vereiteln, als daß ſie ihn wie obige 3 heilige Männer ebenfalls ermorden ließ. — Sie ſelbſt ſtarb endlich eines ſo ſchreklichen Todes, wie ſie ihn für ihre gottloſe Thaten verdient hatte. Sie ermordete ſich ſelber.

----

Hettan, ein Enkel Goßberts I. der 740. ohne Erben verſchied, hinterließ ſein Herzogthum

thum Franken den Königen von Frankreich.
Pipin, der nachmals zur französischen Regierung kam, wie auch sein Sohn Karl der Große, sezten andre fränkische Grafen als Herzoge
über Franken, bis endlich das Herzogthum den
Bischöfen von Würzburg übertragen und geschenkt wurde.

Das Christenthum hatte unter den Franken schon guten Grund gefasset, als verschiedene Gothen und Engländer, die dem Arianis-
mus und Pelagianismus anhiengen, in Frankenland sich einzunisten, und ihre Meinungen
selbst zu verbreiten suchten. Der h. Bonifaz,
der damals in Deutschland das Christenthum
mit allem Eifer zu verbreiten suchte, fand bey
seiner Ankunft in Franken das Heidenthum wieder im vollen Schwunge. Dieß haben besonders die Sachsen unterhalten, als sie nach Abgang des Herzogs Goßberts im Jahre 716.
den Thüringern ihren Nachbarn sich dergestalt
aufbrangen, daß sie sich gänzlich ihrer Herrschaft
unterwerfen musten. Der h. Bonifaz fand daher in seinem Bekehrungsgeschäfte, das er anfänglich nur für sich, nachher aber unter dem
Schutze des fränkischen Fürsten bey den Hessen und Thüringern unternommen hatte, von
C 3

den

den Sachſen großen Widerſtand. Er ſelbſt kam darüber oftmals in Lebensgefahr, das aber doch ſich änderte, als die Franken endlich ſelbſt unter Karl und Pipin über die Sachſen Meiſter wurden, ſie in ihre Gränzen zurückwieſen, und die Heſſen und Thüringer von ihrem Joche befreiten, dieß geſchah 738. Um dieſe Zeit bildete ſich das neue Südthüringen oder die nachherige oſtfränkiſche Provinz. Wenigſtens wird ſie um dieſe Zeit kennbarer; denn der h. Bonifaz ſtiftete darin 741 das Bißthum Wirzburg, deſſen Diöceß in Umfang eben derjenige iſt, der in der Urkunde St. Arnulfs vom Jahre 889. dem öſtlichen Franken zugeſchrieben wird, und nachher den Ducatum Franconiae orientalis ausmachte. *) Er brachte es dahin, daß ſein Landsmann und Verwandter Burkard aus England ins Frankenland kam, und daſelbſt das Bißthum Wirzburg erhielt, der denn allen obigen Gefahren ſich treulich widerſezte, und nebſt dem h. Bonifaz ſehr viele und ſchöne Einrichtungen traf. Er erbaute beſonders das Neumünſter, oder den damaligen Dom, an dem Orte, wo Goßberts Schloß oder Burg geſtanden hatte. Er ließ die Leiber des h. Kilians und der beiden übri

*) Kremers Geſch. des rhein. Franciens.

übrigen Ermordeten ausgraben, und sezte sie in dem Münster bei. Zugleich errichtete er auch ein Kloster an der Kirche, worinn die Mönche von Adel nach der Regel des h. Benedikts lebten. So erbaute er auch das St. Andreaskloster, iezt das Stift Burkard genannt. Durch sein Zureden erbaute auch Graf Rumprecht oder Kunnibert (Konrad) von Eltmann das Kloster Onolzbach, und schenkte alle seine Güter dem Stifte, und warb selbst Mönch im St. Andreaskloster zu Wirzburg.

Nachdem der h. Burkard alt und kraftlos geworden war, berief er Mainguten, den Abt vom Kloster Neustadt, übergab ihm das Bißthum, und zog sich mit sechs Brüdern (Mönchen) nach Homburg (Hohenberg) am Main. Er starb daselbst, und sein Leichnam warb von Mainguten neben den Gräbern des h. Kilians und seiner Genossen beygesezt.

Kinder, sein Andenken sey euch immer ehrwürdig, wie das des h. Kilians; diese beiden waren es nebst dem h. Bonifaz (Bonfried), die unsre Voreltern dem blinden Heidenthume entrissen, und durch ihre Lehre, durch Schulen und andere Einrichtungen soviel Gutes stifteten, als damals möglich war.



Zwey-

# Zweytes Kapitel.

## Fortsetzung des Vorigen.

Zur nähern Verständniß dessen, was ich euch in den folgenden Kapiteln zu erzählen gedenke, will ich euch erst einen kurzen Umriß von dem Zustande der allgemeinen Denk- und Handlungsart der Menschen, die in jenen Zeiten lebten, vorlegen.

Stellet euch einmal ein Volk vor, das ausser der Kentniß, den Bogen und das Schwert zu führen, einen Feind muthig zu töden, einen Vogel oder ein Stück Wild zu fangen, und zu schiessen, kaum etwas mehr weiß; denkt euch eine Nation, die ausser den höchst aberglaubischen Begriffen eines Religionssystems weiter keine Begriffe von den Tugenden: Gerechtigkeit, Menschlichkeit, Enthaltsamkeit und Großmuth hat, weder Wissenschaften noch Künste ehrt, oder kennt; kurz eine solche Nation stellt euch vor, die kaum über die Gränzen der rohesten und wildesten Menschheit hinausgetreten ist, die an nichts Freude und Geschmack findet, als an

den

ben rohesten und unbändigsten Ausbrüchen der Kriegswuth, der Unmäßigkeit im Essen und Trinken, und an der Luft zu jagen, übrigens aber alles das, was über Krieg, Jagd und Raubsucht hinaus ist, nicht achtet und nicht kennt, auch nicht einmal kennen mag; so ein Volk denkt euch, und ihr habt die Deutschen, wie sie bis daher waren, in ihrer wahren Gestalt vor euch. Und in dieser Lage traf sie das Christenthum an, das ihnen nun von Zeit zu Zeit überall bekannt gemacht wurde. Wie viel Eingang diese schöne Glückseligkeitslehre Anfangs bey ihnen finden muste, und welche große Hindernisse die Verkündiger der Lehre unsers Heilandes bey diesem Geschäfte zu überwinden haben mogten, können wir uns wohl einbilden, wenn wir uns den sittlichen Charakter der Völker vorstellen, denen iene so rechtschaffene und ganz von Menschenliebe entflammte Verkündiger des Christenthums die vortrefflichen Lehren Jesu vortrugen. Das erste, was diese verdienstvolle Männer zu thun hatten, wenn sie sich dem Bekehrungsgeschäfte mit Nutzen wiedmen wollten, war, daß sie die Landessprache erlernen musten, und dieß war gewiß ein sehr mühseliges Geschäft; wenn man bedenkt, daß die Sprache der Deutschen im siebenten,

benten, achten und noch einige folgende Jahrhunderte áuſſerſt ungebildet und rauh war, und
daß man damals im ſiebenten und achten Jahrhunderte weit weniger an Verbeſſerung der
Sprache, an Regeln, Wörterbücher und dergleichen denken durfte, da man vor dem funfzehnten Jahrhunderte noch nicht einmal einen
Schritt dazu gethan hatte, unſere Mutterſpra-
che zu verbeſſern und auf Regeln zu bauen;
noch viel weniger läſt ſich nun ſo was von den
Deutſchen vermuthen, die im achten und neunten Jahrhunderte lebten. Was für Empfäng-
lichkeit mochten nun wohl erſt die Deutſchen in
dieſen Zeiten für iene erhabene und ſo wenig
ſinnliche Lehren des Chriſtenthums haben, die
ihnen geprediget wurden? Dieſe neuen Lehren
ſtachen ſo wol mit ihren bisherigen Religions-
meinungen, als mit ihrem rauhen und rohen
Charakter zu ſehr ab, als daß ſie bei ihnen
leichtlich Eingang finden konnten. Hieraus kann
man nun auf die großen Mühſeligkeiten und
auf die auſſerordentliche Gedult in muthiger
Ueberſteigung aller Hinderniſſe ſchlieſſen, die
ſich den Verkündern des Chriſtenthums in den
Weg warfen. Ihr erſehet zugleich daraus,
wie vielen Dank ſich iene edle Menſchenfreunde
dadurch verdient haben, daß ſie die dicke Fin-

ſter-

sterniß, die unter den Deutschen herrschete, durch Bekanntmachung schöner Lehren und durch ihr eignes erhabenes Beispiel allmählich aus den Köpfen und Herzen der unseligen Einwohner Deutschlands zu verdrängen suchten.

Gedenket nie an den h. Kilian, und an die zwey Mitarbeiter an seinem so äusserst beschwerlichen Bekehrungswerke, ohne euch seiner Verdienste um das Heil unsrer Voreltern mit innigstem Dankgefühle zu erinnern. Er war es, der mitten unter sie hintrat, und sie lehrte, was ihre eigentliche bisher verkannte Bestimmung auf Erden sey, und wie sie dazu gelangen könnten. Er war es, der die erste Hand ans Werk legte, das Rauhe und Wilde in dem Charakter der Franken allmählich zu mildern, und ihre Gemüther sanfter, menschenfreundlicher und weniger grausam zu machen. Er machte sie zuerst mit der liebenswürdigen Lehre des Evangeliums bekannt, benahm ihnen einen Theil ihrer schädlichen Vorurtheile und ihres thörigten Aberglaubens, und machte sie hieburch näher mit der Tugend der Gerechtigkeit, Menschenliebe, Treue und Mäßigkeit bekannt. — Nach ihm sandte Gott den heiligen Bonifaz und Burkard, die auf den Grund, den der heilige Kilian mit Mühe gelegt, und mit sei-

nem

nem Blute bestättigt hatte, fortbauten, indem
sie einestheils fortfuhren, das Volk im Christenthum zu unterrichten, anderntheils aber
Schulen errichteten, um die bisher ungebildete
Jugend schon in den zarten Jahren der Unschuld mit den erhabenen Lehren der Religion
bekannt zu machen, und ihren Herzen die schönsten Eindrücke der Tugend zu geben; zugleich
aber aus diesen Schulen neue Volkslehrer und
Seelsorger für die Zukunft zu erhalten, und so
Verstandes = und Herzensverbesserung immer
mehr empor zu bringen. *)

Ehe

---

*) Die Wirkungen des eingeführten Christenthums
auf das Wohl ganzer Länder und iedes einzelnen Gliedes der Gesellschaft sind so wohlthätig
und unverkennbar groß, daß man den ersten
Verkündigern dieser soviel Heil verbreitenden Re-
ligionslehre wohl nicht genugsam für ihre un-
säglichen Mühe und Arbeiten danken kann, die
sie bey diesem Geschäfte zu überwinden hatten,
und die zu überwinden mehr als gemeiner Muth
und menschenfreundlicher Eifer erfordert wurde.
Ich kann nicht umhin, Einiges von den Vor-
theilen, die besonders für die Sittlichkeit der
Menschen aus der Annahme des Christenthums
entsprangen, aus des seel. von Hallers Brie-

fen

Ehe wir aber weiter gehen, wollen wir den Zustand der Schulen noch ein wenig näher betrach-

fen über die Freygeister 1 B. 1 Brief, S. 47 hier wörtlich anzuführen. „Die Besorgung der Kranken in öffentlichen Häusern ist eine Erfindung des Christenthums, die Gutthätigkeit gegen die Armen blieb auch in den verdorbensten Herzen. Schulen, Waisenhäuser, allerlei Milderungen des menschlichen Elendes waren Folgen der Räthe, die die Mächtigen und Reichen von der Religion noch annahmen. „

„In den heftigsten Gemüthern, bey entrüsteten Brüdern, bey feindseeligen Königen, blieb die Religion eine Vermittlerin zur Versöhnung und besänftigte oft die aufgebrachten Gemüther, die in dem Heidenthum erst durch den gänzlichen Untergang des Gehaßten sich befriedigen konnten. „

„Die Unkeuschheit hörte nicht auf, aber sie nahm in einem starken Verhältnisse ab. Noch kenne ich Völker, nicht allzu erleuchtete Völker, da die Unreinigkeit fast unbekannt ist; und überhaupt blieb das gemeine Volk, also weit der größere Theil der Menschen, in Schranken, die die vorige Welt nicht kannte. Bey den Großen der Welt war das Verderben gemeiner, aber dennoch unendlich geringer, als es

au

betrachten. Werdet ihr wol glauben, daß die
Schulen, die damals bestanden, eine so weise
und

an den Höfen zu Rom, zu Alexandria, und in
Syrien und Macedonien gewesen war. Weit
seltener findet man bey den Christen die Ermor-
dung der Gemahlinnen, die Aufopferung der Kinder aus Eifersucht, die gezükten Dolche der Brüder wider die Brüder, der Kinder wider die
Eltern, der Gemalin wider den Gemahl, und
selbst wider die Kinder. Zu Konstantinopel
blieb das Verderben größer; aber in unsern
Abendländern war es überaus geringer. Die
Eintracht in den Familien, das Wohlverständ-
niß mit den Gemahlinnen, und die Liebe zu den
Kindern blieb fast allgemein."

Noch zu unsern verdorbenen Zeiten, wo unter den christlichen Nationen so viele Heiden
sind, ist dennoch mehr Treue gegen die Fürsten,
minder Unordnung in den Familien, minder
Meuchelmord, minder Grausamkeit im Hasse,
und selbst in den Kriegen. Aber es blieben in-
sonderheit unter den Christen nicht wenige rechtschaffene und tugendhafte Männer, oft nicht
gänzlich von den Vorurtheilen ihrer Zeiten rein,
oft mit einigen Schattirungen des Aberglaubens gezeichnet, aber dennoch Muster des Guten,

und zweckmäßige Verfassung hatten, als die ist, die die Schulen eures Vaterlandes vor noch nicht

ten, und zum Besten der Welt geschaffen. Auf dem Throne finde ich vom Anfang der Zeiten niemand, den man in der Vollkommenheit des Guten dem Alfred vergleichen könnte. Markus (Aurelius) der Weise ist in milden Stiftungen, in kriegerischer Tugend, in weiser Unterdrükung aller Kriege und Aufrühren, in der Erziehung der Kinder, in der Gesezgebung, in andern Fürstlichen Gaben, weit unter dem Fürsten der Angelsachsen geblieben."

"Auch unter den gemeinen Menschen, unter der Klasse, die keinen Schmeichler und keinen Lobredner findet, hat es in den dunkelsten Zeiten vollkommene Menschen gegeben. So war der Lehrer einer übermenschlichen Tugend, der Verfasser der Nachahmung Christi, eben so weit über den guten Epiktetus erhaben, als höher seine Beweggründe zum Guten waren. So war Niklaus von der Flühe: so waren unter den Mönchen, und unter den ungelehrten Bekennern Christi eine Menge.

Selbst die Heiden gaben, wie der nämliche v. Haller S. 44. und 45. sagt, den Christen die besten Zeugnisse: Julian, der Erzfeind der

Chri

nicht gar langer Zeit erhalten haben? Fraget
doch einmal eure lieben Eltern, wie zu der Zeit,
da sie in die Schulen giengen, der Lehrunter-
richt eingerichtet gewesen, und was und wie eigentlich alles gelehrt worden sey? Laßt es euch
von ihnen erzählen, wie armselig damals noch
alles gelehrt, und wie grausam sie als Kinder
behandelt worden sind. Das Ganze, was
man ihnen einpeitschte, bestand in ein wenig lesen und Schreiben, beides ohne Regeln und
Richtigkeit. Beweise dessen, wie man damals
die Rechtschreibung verstand, und wie man selbst
seine so vortrefliche deutsche Muttersprache schrieb,
könnt ihr in manchen alten Büchern finden.
Und doch hießen die studierten Leute damals gelehrte Leute, ob sie schon auſſer einigen lateinischen und barbarischen Brocken von den Wiſ-
senschaften oft kaum mehr als den Namen inne
hatten. Deutsch zu schreiben, war ihnen vor
50, 60 Jahren beinahe noch eben so mühsam,
als

Christen, stellt eben sie seinen Heiden als Beyspiele der Mild- und Gutthätigkeit vor. P l i-
n i u s ertheilt ihnen ebenfalls das schönste
Lob, und L u c i a n, der Erzspötter, gesteht von
ihnen ein: sie seyen mitten unter den Lasterhaf-
ten allein der Tugend getreu geblieben. ꝛc.

als euch das lateinische oder Griechische ist.
Müsset ihr nicht selbst darüber lachen, wenn ich
euch sage, daß man vor 40, 50 Jahren denjeni-
gen für einen recht gelehrten Mann hielt, der recht
flüßig lateinisch schwäßen, und plappern konnte.
Und wirklich war es so. Es giebt so gar heut
zu Tage noch alte Leute, die das glauben, und
meinen, wenn ein Studierter nicht recht flüchtig lateinischen Wortkram herschnattern kann, so
sey er kein Gelehrter. Daher kam es auch damals, daß, weil man schon durch die lateinische
Sprache ein gelehrter Mann wurde, man auch
die deutsche Muttersprache völlig vernachläßigte.
Nein, meine Lieben, eine oder mehrere Sprachen reden können, das macht noch keinen gelehrten Mann aus. Schöne nützliche Kentnisse
haben, und solche in einem verständlichen popu-
lären Vortrag andern beibringen können, das
heißt Gelehrtheit; und wenn ein Gelehrter auch
alle Sprachen noch so geläufig sprechen kann,
so ist es Schande für ihn, wenn er seine eigene
Muttersprache nicht rein schreiben und gut reden kann. Gewiß werdet ihr euch freuen, daß
nun diese Zeiten nicht mehr sind. Man denkt
iezt ganz anders in allen dem, was man Gelehrtheit nennt. Auch heißt man heut zu Tage
das nicht mehr eine Wissenschaft, was in nichts

 weiter

weiter als in einer langen unsinnigen Wortreihe besteht, nichts gutes enthält; und niemanden nüzt. Und solcher Wissenschaften gab es ehemals viele; und mit diesen Wortkrämereyen plagte man die Köpfe der Schüler so viele Jahre lang; und wenn sie lange genug in der Barbarei herumgeschleppt worden waren, hatten sie elendes Latein plaudern, aber nur eine einzige Zeile deutsch ohne Fehler zu schreiben, das hatten sie nicht gelernt. Alles, was man ihnen in den Schulen in die Köpfe gequält hatte, war schlechterdings zu gar nichts zu gebrauchen; indem alles dieses Wesen gar nichts enthielt, das man im gemeinen Leben hätte anwenden können; wie denn an sich schon keinem Lehrer einfiel, seine Sache, die er lehrte, so einzurichten, daß sie nützen und dem lernenden einst zu etwas weiter als zu einer Versorgung helfen könnte. Seht, meine lieben, so war noch vor 40, 50 Jahren der Zustand der Wissenschaften beschaffen. Wörterkram und Unsinn war ein großer Theil dessen, was man damals lehrte und lernen muste, man mochte nun wollen oder nicht.

Nun aber, werdet ihr denken, wenn es vor einigen Jahren noch so elend mit den Wissenschaften und dem Schulunterrichte ausgesehen hat;

hat; wie mag es erst im achten und neunten Jahrhunderte damit ausgesehen haben? Beinahe, ihr Lieben, beinahe nicht so schlimm. Damals that man wenigstens so viel, als man könnte. Man lernte das, was einem die wenigen damaligen Gelehrten lehren konnten, nämlich lateinisch lesen und schreiben, um sich zum Kirchendienste nach möglichster Nothdurft tauglich zu machen. Lateinisch lesen und schreiben lernte man, sage ich, weil man die deutsche Sprache damals noch viel zu rauh und hart sprach, als daß man sie hätte schreiben können. Zudem muß man auch bedenken, daß die Wissenschaften, die damals unter den Deutschen getrieben wurden, von den Griechen und Römern ins Deutschland gebracht worden waren; und die damals unter den Deutschen sich aufhaltenden Gelehrten waren entweder geborne Ausländer, die also an sich schon die deutsche Sprache nicht reden, noch weniger aber schreiben konnten. Und wenn sie das auch gewollt hätten, so hätte ihnen alle Lust, sie zu lernen, schon dadurch vergehen müssen, wenn sie hörten, wie rauh und elend man sie sprach. Solche Männer waren an die sanften Töne ihrer Muttersprachen gewöhnt, die zugleich ihre festen Regeln hatten; die deutsche Sprache aber

war

war damals noch viel zu roh und ungebildet, als daß sie ein Ausländer hätte lernen, und seinen Unterricht darinn geben mögen. Sohin blieb also die deutsche Sprache von Seiten der in Deutschland sich aufhaltenden ausländischen Gelehrten in ihrer Rohheit und Unregelmäßigkeit. Jene Gelehrten aber, die geborne Deutsche waren, konnten sich damals eben so wenig für ihre Muttersprache verwenden, weil sie ihren Unterricht in den Wissenschaften nicht in ihrer Muttersprache, sondern meist in der lateinischen erhalten hatten. Und diese in einer fremden Sprache erhaltenen Kenntnisse auch in ihrer Muttersprache andern beibringen zu können, dazu war die deutsche Sprache damals viel zu ungebildet, und noch zu arm an Worten für gewisse wissenschaftliche Ausdrücke und Begriffe, als daß man sich im Vortrage derselben hätte bedienen können. Auf solche Weise legte also schlechterdings kein Mensch Hand daran, die deutsche Sprache zu verfeinern und vollkommener zu machen. Sie blieb einzig zum Gebrauche im gemeinen Leben. Daher wurde denn auch alles, was damals gelesen und geschrieben wurde, lateinisch abgefasset. Die Kirchengebete und kaiserlichen Verordnungen wurden lateinisch abgelesen. Selbst die Kirchen-

chenlieder sang man lateinisch ab. Unsre deutschen Kirchenlieder sind daher auch noch nicht
viele Jahrhunderte her im Gebrauche. Erst
sang man, wie ich euch so eben erzählt habe, lateinische Lieder, nachher fieng man an, solche
deutsch und lateinisch untereinander in Uebung
zu bringen. Man hat deren noch heut zu Tage
in sehr alten Gesangbüchern; eines der bekann-
testen ist das Weihnachtslied:

„In dulci iubilo

„Nun singet und seyd froh rc. „
Bald nachher kamen die ganz deutschen Kir-
chengesänge auf. Was für Kunst darin herrsch-
te, dessen könnt ihr euch genugsam in jedem unsrer bekannten Gesangbüchlein ersehen. Ganz
natürlich haben wir iezt schönere und bessere, als
jene alten waren. Aber dennoch jene albernen
Lieder annoch singen wollen, das kann man nicht
anders als sehr unverständig gehandelt heissen.
Die Vernunft sagt uns: wir sollen alles das,
was wir für besser erkennen, als das ist, was
wir bisher besaßen und thaten, annehmen und
jenes weniger gute fahren lassen. Wir thun
es auch in den meisten Fällen. Und warum
denn nicht auch in solchen Dingen? Ja, sagt
man, diese Lieder und Gebräuche, waren doch
schon so viele Jahre gut und schön, und unsre

 Vor-

Voreltern waren doch auch keine dumme Leu=
te? — Was haltet ihr davon, meine Kinder,
wenn ein erwachsener Mensch so spricht? —
nicht wahr? ein Mensch, der so reden kann, ist
in der That dummer als seine Voreltern wa=
ren. Denn diese waren wirklich vernünftig,
und schaften erst die lateinischen, dann die halb
deutsch= halb lateinischen ab, ohne daß es einem
eingefallen wäre, zu sagen: man solle es beim
Alten lassen, und die lateinischen Lieder seyen so
manches Jahrhundert her gesungen worden,
man könne es also noch länger dabei bewenden
lassen. Hätten unsre Voreltern darin so gedacht,
so sänge der Bauer wahrscheinlich noch immer das
alte: In dulci iubilo, oder wohl gar iene ganz
lateinischen Lieder zur Erbauung aller Kirchenstüle
und Kirchensäulen, die so wenig davon verste=
hen, was gesungen wird, als der Sänger selbst.
Denkt doch einmal, meine Lieben, wenn es im=
mer so beym Alten hätte bleiben sollen, wisset
ihr, wie weit wir nun gekommen seyn würden?
Vielleicht nicht einmal bis dahin, wo sich eben
im achten und neunten Jahrhunderte der Deut=
sche befand. Und hätte man damals, in den so
rohen und finstern Zeiten, so zu denken und zu
sprechen albern genug seyn können; es solle alles
beym Alten bleiben, so hätte man im achten

und

und neunten Jahrhunderte unter den Deutschen so wenig vom Christenthume und vom Schul-unterrichte gewußt, als im fünften und sechsten. Sagt nun selbst, meine Kinder, ist das nicht große Schande für Leute, die in diesem Jahr-hunderte leben, und sagen: man solle es beym Alten lassen, da nicht einmal unsre äußerst un-wissenden Voreltern hierin so abgeschmackt dumm dachten, und das Neue, das sie als besser er-kannt hatten, gerne dem Alten vorzogen, und gebrauchten. Ihr werdet, glaube ich, in der Folge nun genugsam einsehen, wie unvernünftig es von einem Menschen gedacht sey, der das Alte, weil es alt ist, schlechterdings nicht fahren las-sen will, und das Neue, wenn es gleich zehn-mal besser und nützlicher ist, nicht annehmen will, weil es neu, jenes alte aber schon viele Jahre her im Gebrauche gewesen ist. Ein Vernünftiger, das werdet ihr im Leben noch oft bemerken können, thut allemal das, was er als das Beste erkennt, ohne erst zu fragen: ob es seine Vorfahren auch so gemacht haben. Er nimmt keine Rücksicht auf das Alter oder auf die Neuheit eines Gebrauchs, sondern auf das sieht er bey der Sache, ob sie gut, nützlich und recht sey. Ihr, meine Kinder, werdet auch nie gehört haben, daß das gut und nützlich sey,

 was

was alt ober neu ist, sondern allein das sey gut,
was recht und billig ist, nicht wahr? so hat
man euch in der Schule gelehrt. Aber vielleicht wissen es iene Leute besser, die immer über
alles Alte halten, ohne ie geprüft zu haben,
ob dies alte auch bisher nüzlich und gut war; —
iene Leute, sage ich, die wahrscheinlich in ihrer
Jugend den Schulunterricht wenig genossen haben, und kaum lesen oder schreiben können.

Nicht so wie heut zu Tage so viele unsrer
Landsleute, dachten der h. Bonifaz und Burkard. Sie errichteten Klöster oder Münster,
und bauten Schulen daneben, worin die Mönche die Jugend unterrichten musten. Von dieser ersten Schuleinrichtung kommen noch heut
zu Tage unsre Domschulen und andere; die
in der Nähe der Stifter gebaut sind, und die
Mönche in diesen Stiftern musten der Jugend
den Unterricht ertheilen. Daß man aber das
nicht lehrte, was ihr heute zu Tage in den
Schulen lernen könnet, das habe ich euch schon
gesagt. Lesen und Schreiben war meistentheils
alles, was man damals lernen konnte; indem
die Lehrer gröstentheils selbst nicht mehr verstanden, als lateinische Buchstaben zu zeichnen
und — zur Noth zu lesen. Männer, die die
Sprache, die sie schrieben, verstanden, waren
äus-

äusserst rar, und man durfte sie nur unter den Mönchen suchen. Alles ausser den Klöstern hielt die Kentniß, lesen und schreiben zu können, sich für Schande.

Daher kam es auch, daß, weil sich nur die Mönche mit den Wissenschaften abgaben, auch nur aus den Klöstern die Landesbischöfe genommen wurden. Die kaiserlichen und königlichen Kanzler und Kapelläne waren ebenfalls Aebte, Bischöfe oder Mönche, weil die Kaiser als Laien meistentheils so wenig ihren Namen schreiben konnten, als andre weltliche Ritter und Grafen. Die Aebte und Bischöfe waren also die Aufseher über die kaiserlichen Archive, sie unterzeichneten statt der Kaiser die Verordnungen, die sie auch selbsten verfasseten. Und weil sie denn wegen solcher Schreibergeschäfte immer um den Kaiser waren, so war es auch leicht möglich, daß sie sich ihre Gunst verschaffen, und ein über das andremal Geschenke von ihnen erhalten konnten. Wie fleißig sich die Bischöfe und Aebte dieser Gelegenheiten, von ihren Herren, den Kaisern, Geschenke zu erhalten, bedient haben, darüber findet man besonders im achten, neunten und zehnten Jahrhunderte unzählige



Bei-

Beiſpiele. Sie erhielten von ihnen Schenkun=
gen über Schenkungen, und wurden zulezt ſo
reich an Gütern und Ländern, daß ſie ſolche
ſelbſt nicht mehr alle überſehen und zuſammen=
halten konnten, und daher einen Theil derſelben
verſchiedenen Grafen und Rittern als Lehen
übertragen muſten. Als Lehen ſage ich, das
heiſt: ſie ſchenkten einem Ritter einen Theil ih=
rer Beſitzungen, wofür ihnen dieſer den Eid
der Treue leiſten, und ihnen gegen ihre Feinde
mit Leuten oder Soldaten beiſtehen muſte. Die=
ſen Eid und den Empfang der Güter hieß man
Lehn, und den Belehnten Vaſall. Den Be=
lehner aber Lehnherr. Die Biſchöfe ſelbſt aber
waren Lehnsleute oder Vaſallen der Kaiſer,
mit den nämlichen Obliegenheiten, das heiſt,
ſie muſten in den Krieg ziehen, und Soldaten
zum Dienſte liefern. Man wird es nun nach
dieſer Verfaſſung gar nicht mehr auffallend fin=
den, wenn in der Folge geſagt wird, daß ver=
ſchiedene Biſchöfe im Kriege umkamen, wie
Sunderbold von Mainz und Arno von Wirz=
burg.

Ehe ich zur Geſchichte ſelbſt übergehe, muß
ich euch noch ein und andres von dem Zuſtande
der damaligen Zeiten beſonders im Betreff der
Geiſtlichkeit und der Bauern anführen.

Ihr habt gehört, daß sich die Mönche fast ganz allein mit den Wissenschaften und Künsten abgaben. Daher kann man nun leicht gedenken, daß die Geistlichen aus dem Weltpriester- oder Seelsorgerstande nicht viel mehr Kenntnisse haben mochten, als die übrigen Weltleute. Man darf nur die Fragen lesen, die ihnen die Bischöfe bei den jährlichen Kirchenvisitationen vorlegen musten, so wird man genugsam von ihrer Unwissenheit überzeugt. So wurden sie z. B. gefragt, ob sie die lateinischen Formeln bei Ertheilung der Sakramente hersagen könnten, und ob sie solche in der einfachen und vielfachen Zahl und in den beiden Geschlechtern nach Beschaffenheit der Umstände zu rezitiren verstünden. Ob sie die Evangelien und Episteln und wenigstens buchstäblich erklären könnten, oder wenigstens sie so verständen. Ob sie die Psalmen auswendig wüsten, und 40 Homilien des h. Gregorius verdeutscht vortragen könnten, und ob sie das Glaubensbekenntniß und das Vaterunser zu erklären im Stande wären. Die Homilien waren nämlich kurze Auszüge aus den Predigten alter Kirchenväter, die eine kurze Auslegung einiger evangelischer Texte enthielten. Karl der Große ließ verschiedene solche homiletische Auszüge verfertigen, und sie den unwis-

unwiſſenden Prieſtern in die Hände geben, damit ſie wenigſtens dieſe dem Volke ſtatt einer
Predigt vorleſen, denn ſelbſt eine Predigt zu verfertigen, das war eine Sache, die der damali-
lige Seelſorger nie gelernt hatte. Man drang
alſo nur darauf, daß er leſen konnte, um jene
Homilien dem Volke vorzuleſen. Man denke
aber nicht, daß die niedere Geiſtlichkeit allein
ſo unwiſſend geweſen ſey; ſelbſt die Biſchöfe
waren ihren untergebenen Mitprieſtern oft an
Unwiſſenheit ganz gleich. Karl der Große bat
ſie mehr als einmal, doch wenigſtens das Vater
Unſer zu lernen, und er müſſe gleichſam ihr
Schulmeiſter ſeyn, und ihnen die Böfe korrigi-
ren, die ſie machten, wenn ſie einen lateiniſchen
Saz vorbrachten. Aus dem allen könnt ihr genugſam auf den Grad der Kultur, die unter den
Laien insgeſamt herrſchte, ſchlieſſen. Nichts
glaubte man ſo veſt als dieß, daß es Leute gebe, die Wetter, oder Ungewitter und Hagel machen könnten. So glaubte man auch, daß es
ein Land gebe, mit Namen Magonia, woher
Schiffe in der Luft ankämen, das Getraide,
das andere durch Ungewitter verdorben hätten,
darinn in jenes Land zu liefern. So gab es
auch Leute, die man Wetterbeſchützer nannte,
das iſt, ſolche, die es durch Künſte verhindern
woll-

wollten, daß andere durch ihr gemachtes Wetter, den dritten nicht an seinen Früchten beschädigen könnten. Diese Beschützer wurden für
ihre Mühwaltung weit richtiger und besser
bezahlt, als andere, die mit noch so vielem
Rechte eine Forderung zu machen hatten. Eben
so glaubte man auch damals schon an die übeln
Folgen, die die Erscheinung eines Kometen nach
sich bringen könnte. *) So waren auch damals
schon die Wasser = Feuer = und andere Proben,
die durch den Zweikampf ausgemacht wurden, üb-
lich. Solche Proben, um die Unschuld eines an-
geklagten oder klagenden Menschen zu erfahren,
nannte man (Ordelia) Ordelien oder Urthel
oder Gottesurtheile. So gab es noch andere
ähnliche Proben, z. B. man muste auf die ge-
machte Aussage das heiligste Altars = Sakrament
nehmen, um dadurch zu bestättigen, daß man
die Wahrheit bekannt habe. Ferner muste man
seine Hand auf den Altar legen, die Heiligen
oder das Evangelium berühren und schwören.
Durch die vielen und schändlichen Meineide sah
man sich nämlich genöthigt, die Eide mehr
furchtbar zu machen, und so vielleicht die Mein-

eide

*) Ueber den damals herrschenden Aberglauben
 sehe man Schmidts Geschichte der Deutschen
 Theil 1. S. 580. 2c.

elbe zu vermindern. Und eben aus dieser Ursache entstanden auch iene Ordelien, die viele
Jahrhunderte lange im Gebrauche blieben, obschon die Kirche sie nie billigte.

Und was haltet ihr davon, meine Lieben?
Gewiß werdet ihr solche Proben der Wahrheit
und Unschuld höchst lächerlich, unerlaubt und
sträflich finden. Lächerlich sind sie, weil es in
iedem Falle möglich ist, wo so eine Probe angestellt wird, daß ein Zufall gerade dem Schuldigen zu Hülfe kommt, daß er seinen Gegner,
der unschuldig ist, im Zweikampfe überwindet.
Bey der Feuerprobe muste man ein glühendes
Eisen in die Hände nehmen. Konnte nun die
Glut den Händen nichts schaden, so hielt man
den Erprobten für unschuldig, er mochte es nun
seyn oder nicht. Wie er denn ganz wol schuldig seyn konnte, ohne daß ihn das glühende
Eisen zu beschädigen vermöchte, wenn er die
Kunst verstand, seine Hände zuvor mit einer
gewissen Materie zu bestreichen, und so die Gewalt des Feuers zu hindern. Bey der Wasser-
probe hieß es: wenn der Mann nicht zu Boden
fällt, oder das heise Wasser, darein er die nakte
Hand steckt, ihm nicht schadet, so ist er unschuldig. So wurden auch die armen Hexen
probirt. Die Eide waren wegen der Erfahrung,

rung, daß man sich so wenig daraus machte, falsch zu schwören, ohnehin gar nicht von der Art, daß man dadurch ganz zuverläßig von der Wahrheit oder Unschuld eines Menschen hätte überführt werden können. Andre wichtige Policeianstalten gab es damals noch weniger. Schädliche, und sehr gottlose Menschen wuste man nicht anders zu strafen, als daß man ihnen entweder beide Hände abhieb, oder sie blendete oder ihnen die Augen ausstach. Diese Proben waren also sämtlich in dieser Hinsicht lächerlich und eitel. Aber sie sind auch ruchlos und der Würde Gottes nachtheilig. Denn sie hatten die Meinung bey dergleichen Proben, daß Gott die Unschuld schlechterdings nicht könne unterliegen lassen. Sie versuchten ihn also, und foderten ihn gleichsam mit Gewalt heraus, die Sache, die im Streite lag, ans Licht zu setzen und die Unschuld zu retten. Gewißlich könnet ihr diese Versuchungen Gottes nicht billigen. Als vernünftige Menschen, und wolunterrichtete Christen dürfen wir nie so was thun. Wir wollen nach der Lehre unseres Heilandes nie schwören, oder doch nur in der höchsten Noth und zwar vor dem Richter, wenn er es verlangt. Hütet euch also davor! Vom Meineide mag ich gar nicht reden. Gott bewahre euch alle vor die-

dieser Sünde, die die schrecklichste ist. Murret und versucht nie Gott, der am besten weiß, warum er oft etwas zulasse. Er läst den Unschuldigen zwar drücken, aber nie zu Grunde gehen. Kurzsichtige Menschen wollen ihm gleichsam Wege vorschreiben, wie er handeln müsse, als wenn sie besser wüsten, was iedem von uns gut sey. Beste Kinder! verliert nie das Vertrauen auf unsern himmlischen Vater so aus den Herzen, daß ihr mit ihm zu rechten scheinet. Ihr wisset, alles ist gut, was uns trift, denn er, der Vater unsrer aller, läst es zu, er, der uns über alles liebt, und keinen verderben will. Ich könnte euch noch verschiedene solcher Gottesversuchungen anführen, wenn ich nicht glaubte, ihr werdet bald selbst so klug werden, und von manchem, das um euch her geschieht, einsehen, daß es dahin gehöre und daher völlig unerlaubt und thöricht sey.

* * *

Indessen ist dieser Gebrauch der Ordelien, so unchristlich sie auch waren, ienen Deutschen, die vor sechs, sieben Jahrhunderten lebten, gewiß weit eher zu verzeihen, wenn man auf die große Unwissenheit iener Zeiten Rücksicht nimmt, als unsern, in iezigen Zeiten lebenden Christen, die

die vermöge aller Umstände genugsam wissen könnten, daß das die schändlichste Vermessenheit und Thorheit sey, Gott durch gewisse Handlungen zu versuchen, und gleichsam zu einer gewissen Sache zu zwingen. Ich hoffe, meine lieben, ihr werdet euch einst nicht von dergleichen Thorheiten bestricken lassen, und die Allmacht Gottes nicht wie so viele Leute, die sich Christen nennen, herauszufodern, unvernünftig genug seyn!

Nun auch noch ein und andres über die Menschenklassen, in die die deutsche Nation eingetheilt war. Es waren im achten, neunten und zehnten Jahrhunderte noch immer vier Klassen, nämlich der Adel, die Freien, oder freien Mannen, oder auch guten Mannen, — Freigelassene und Sklaven, oder Halbeigenen, Leibeigenen — armen Mannen, arme Leute, Dienstleute. Der Adel und die Freien oder Edeln musten den Kaisern Leute zum Kriege liefern, und selbst mit zu Felde ziehen. Die Freigelassenen waren nicht viel besser, als die leibeigenen; sie waren ihrem Herrn immer noch zu gewissen Diensten verpflichtet, wenn er sie gleich freigelassen hatte. Die leib-

eigenen aber waren wirklich unglückliche Leute,
und in einem bedauernswürdigen Zustande. Sie
waren mit Leib und Leben, Weib und Kindern,
und was sie besassen, ein Eigenthum ihrer Herren.   Die Bauern waren ein wenig besser
daran als die Leibeigenen; doch hiengen sie den
Gütern und Aeckern oder Huben (Hufen) so
an, daß sie von ihrem Herrn, der zuweilen das
Gut verschenkte oder verkaufte, mit verschenkt
und verkauft wurden, samt allem, was sie besassen.   Die Knechte waren fast in der nem-
lichen Lage, wie die Sklaven oder Leibeigenen.
Sie waren ausserordentlich mit Frohndiensten
und Zinsen beschwert.  Und es kam blos auf
ihre Herren an, sie zu beschweren, wie sie wollten, und ihnen ihren ohnehin harten Stand
noch härter zu machen.

Uebrigens aber gab es damals noch wenig
Städte und Dörfer.  Es waren Anfangs nichts
als einzelne Gebäude von Holz, die mit Fel-
dern, Wiesen und Teichen umgeben waren und
einem Herrn gehörten; diese nannte man insgemein Weiler, und mehrere solche Weiler
hiessen eine Markung, mehrere Markungen
aber ein Gau.  Vom Jahre 850 fieng
man an, mehrere Städte zu erbauen; und Kaiser Heinrich der Erste befahl, daß allemal der

neun-

neunte Mann von den Weilern und Dörfern in
die Stadt ziehen sollte. In den Städten wohnten von nun an auch die Großen und Herrscher,
und errichteten darin Kirchen und Gerichtshöfe
oder Dings- Gedingshöfe. Diese Städte
erhielten Mauern und Wälle, daher man sie
Burgen, und die Einwohner Bürger nannte.
In diesen Städten hielten sich auch die meisten
Handwerksleute und Künstler auf. Sogar
kannte man damals schon die Orgeln, die aber
aus Griechenland herüber gebracht wurden. In
der Musik waren die Deutschen damals, nämlich
im achten Jahrhunderte, schon so erfahren, daß
die Päbste sich zum öftern dergleichen Orgelspie-
ler verschrieben, und nach Rom bestellten, um
ihnen die Kirchenmusik aufzutragen. So wurde auch die deutsche Dichtkunst immer fortge-
trieben, so wenig sie auch nach künstlichen Regeln gebildet wurde. Bekannt waren schon damals die Ehrenlieder, Spott- oder Schimpf-
lieder, und Minnelieder. Und Kaiser Karl
der Große ließ sogar die alten deutschen Lieder
sammeln, und verfaßte selbst eine deutsche Sprach-
lehre, und gab den 12 Monaten deutsche Namen, den Januarius hieß er nämlich Winter-
monat, den Februarius Hartmonat oder Hor-
nung, soviel als Kothmonat, denn Hor



heißt

heist im Altdeutschen Koth, welche Benennung des Februars auf die regnerische Zeit geht, die wir insgemein im Februarius haben. Der März hieß Lenzmonat oder Frühlingsmonat. Der April Ostermonat — May Freuden- oder Rosen- oder Maymonat. Junius: Brachmonat. Julius: Heumonat. Augustus: Erndemonat. September: Herbst-monat. October: Weinmonat. — November: Windmonat. December: Christ-monat.

Die damals schon in Deutschland einheimischen Obstarten waren Aepfelbäume verschiedener Art. Pflaumen- Speierlinge, Mespel, Birn-Kastanien- Pfirschen- Quitten- Nuß- Mandel- Maulbeer- Lorbeer- Fichten- Felgen- und Kirschbäume. Von Getränken kannte man nebst dem Weine und Biere Aepfel- und Birnmost, Meth, Essig — und von den Gemüß- und Kräuterarten waren damals weit mehrere bekannt, als beinahe iezt. Eisen- Silber- und Kupferbergwerke waren damals ebenfalls bekannt in Deutschland. So auch Schinken, Flachs, Hanf und viele andere Dinge mehr, als Pfauen, Fasanen, Feldhüner und Turteltauben. So waren auch die Juden damals schon bey uns zu Hause. Sie handelten öffentlich mit ver-
schie-

schiebenen Sachen, insgeheim waren sie auch Menschenräuber, die sie nach Asien und in andere entfernte Länder verkauften. Neben dem Handel mit Pferden und Waffen waren damals die Pelzwerke und edeln Steine besonders bey den Franken in sehr großem Werthe. So wurde in Frießland auch Tuch gemacht, und verschiedene Seidenzeuche nebst den Gewürzwaaren wurden von den Venetianern und andern geliefert. Die nöthigen Kleidungsstücke aber lies ieder Hausvater von seinem Weibe, Kindern, Knechten und Mägden weben und verfertigen. Das Oel kannte man damals auch schon, aber es wurde aus entfernten Orten hergebracht. Waitzen und Roken oder Korn und das von beiden Getraidearten verfertigte Brob kannte man ebenfalls. Die Weinberge waren im achten Jahrhunderte noch sehr selten bey uns.

Aus dem allen erseht ihr nun genugsam, wie sehr sich Deutschland innerhalb einiger Jahrhunderte geändert habe; daß das darinn eingeführte Christenthum das meiste beinahe dazu beigetragen habe, die rohe Lebensart der Deutschen mehr zu mildern, sie selbst menschlicher und gesellschaftlicher, und überdies auch im Kopfe heller zu machen, das ist ganz unläugbar wahr.

　Indeß

Indeſſen war es nicht möglich, daß das eingeführte Chriſtenthum ſogleich die Sitten der Deutſchen ganz zu verbeſſern im Stande war. Oder es hätten Wunder geſchehen müſſen, wodurch die Denkart der damals in Deutſchland wohnenden Menſchen ganz ienen Grad der Vernunft und Einſicht erhalten hätte, den man heute zu Tage erſtiegen hat. Aber das zu fordern, verrieth die gröſte Dummheit und Vermeſſenheit. Nein, meine Lieben, das wäre nicht der Weg der Natur geweſen, den der weiſeſte Schöpfer nicht ohne Vorſicht angeordnet hat, daß nämlich alle Dinge auf der Erde nach und nach vollkommen und reif werden ſollen. Es muß uns genug ſeyn, daß weil Gott alles in der Natur allmählich zur beſtimmten Vollkommenheit reifen läſt, ohne daß er, wenn ich mich durch ein Beiſpiel erklären ſoll, das neugeborne Kind gleich zum verſtändigen Manne, und das aufgekeimte Spröſchen gleich zum tragbaren Baume macht, er ſeine weiſeſten Gründe und Urſachen zu dieſer Einrichtung gehabt haben muß, und ſie noch hat. — Und wir wiſſen überdieß: daß was durch Zeit und andre natürliche Umſtände dahin gelangen kan, wozu es beſtimmt iſt, daß, ſage ich, dies durch ein Wunder vor der Zeit dahin zu bringen, eine

höchſt

höchst lächerliche Handlung wäre, die der weise Schöpfer beglenge. Und so was von ihm nur zu denken, würde schon höchst dumm und verwegen seyn. Darum sagen wir auch: alles das, was durch den Gang der Natur einst zu seiner bestimmten Reife gelangen kann, läßt der allwissende Schöpfer in seinem bestimmten allmählichen Wachsthume fortarbeiten, und so gelangt denn alles in der Natur nach und nach zu dem bestimmten Grade der ihm möglichen Vollkommenheit. Zugleich wissen wir, daß Gott nie ohne die höchste Nothwendigkeit den eingeführten Gang der ganzen Natur, und deren Gesetze dadurch unterbricht und stört, daß er ein Wunder thue. Nun aber fällt diese Nothwendigkeit alsdann allemal weg, wenn man weiß, daß iede Sache einst noch werden wird, was sie werden soll; — und daß iedes Wesen in der Natur nur nach und nach reifet, und nicht sogleich seinen bestimmten Grad der Vollkommenheit erhält, das geschah wohl nicht ohne Gottes weiseste Absichten. Selbst die Erde hat bisher diesen Weg des Reifens gehen müssen, und sie ist so wenig als der Mensch noch das geworden, was beide noch werden müssen. Laßt es euch nicht auffallend vorkommen, wenn ich euch sage: die Erde selbst sey noch



nicht

nicht das, was sie noch werden wird. So wenig sie vor hundert Jahren das war, was sie iezt ist, eben so wenig wird sie nach hundert andern Jahren diese Gestalt noch haben, die sie iezt hat. Um das noch deutlicher einzusehen, erinnert euch nur an das Bild, das ich euch oben von dem Zustande Deutschlands entworfen habe, als die Römer zuerst in dies Land kamen. War es nicht ganz mit finstern undurchdringlichen Wäldern und Sümpfen bedekt? Und bis zu Karls des Großen Zeiten, wie sehr war es damals schon verändert? Die ungeheuren Strecken Wälder waren schon großen Theils ausgerottet, und angebauet, und man sah nun schon ganze Strecken Landes mit Obstbäumen besezt, und mit andern Feldfrüchten prangen. Bald wurden auch die Berge mit Weinstöcken bepflanzt. Der Boden wurde immer mehr bearbeitet, und so erhielt Deutschland nach und nach, — nicht auf einmal, das Aussehen, das es iezt hat, und noch hört man nicht auf, den Boden immer mehr zu benußen und anzubauen. Seht, solche Veränderungen muste unser Deutschland durchgehen, ehe es das ward, was es iezt ist. Und eben so gieng es mit allen übrigen Ländern auf der Erde, mit allen Welttheilen, und mit der Erde selbst, wie

mit

mit allen übrigen Wesen auf der Erde. Der Deutsche war, wie ihr gehört habt, damals, als ihn die Römer kennen lernten, gewiß noch nicht das, was der war, der zu Karl des Großen Zeiten lebte. Und iener Deutsche aus Karls Zeiten war Himmelweit von dem unterschieden, der im sechzehnten, und dieser leztere wieder eben so sehr von dem unterschieden, der im achtzehnten lebt, ia sogar derienige, der in dieser lezten Helfte dieses Jahrhunderts lebt, wie sehr kontrastirt er mit dem, der vor 40, 50 Jahren lebte. Ihr habt es schon oben gehört, wie sehr sich nur in diesem Jahrhunderte der einzige Gegenstand, das Schulwesen und der gesammte Unterricht, geändert habe. Seht ihr, das ist der Gang der Natur, und den hat sie von ihrer Entstehung bis daher immer beibehalten. Immer ist sie vorwärts geschritten, und nur manchmal hat sie wie auszuruhen geschienen, oder sie hat gar einen Rükfall gemacht, aber alles das nur darum, um ddiſe mit desto größerer Kraft das wieder einzubringen, was durch ihren Rükfall im Fortschreiten unterbrochen oder gar rückgängig ist gemacht worden. Von Beispielen solcher geschehenen Rükfälle könnte ich euch eine Menge zeigen. Ich könnte euch beweisen, daß oft ein Land, ein Welt-



theil,

theil, durch den Untergang des andern empor
gekommen ist. Denkt euch einmal das ehema=
lige Griechenland, ienes Land, worinn ehedem
Wissenschaften und Künste so herrlich blühten.
Und nun wird es von Leuten bewohnt, die von
allen dem, was iene Griechen waren, nichts
mehr sind. Rom entstand aus dem Sturze
Griechenlandes, und so gieng es bis iezt immer
in der Natur fort, und gewiß nicht ohne Got=
tes weiseste Anordnung, der alles zum Besten
des Ganzen regieret, der werden und vergehen,
und immer wieder werden läst, bis endlich iener
höchste erreichbare Grad des Ganzen erstiegen ist.

Nun noch ein Paar Worte von den ehema=
ligen Gauen des Frankenlandes, und seiner Lage.

Das Frankenland war in den ältern Zeiten in
Gaue (Pagus) eingetheilt; sie waren folgende:

1. Der Nordgau als der gröste unter den
übrigen Gauen. Im Fränkischen Lande be=
grif er in sich das Bißthum Eichstätt, einen
Theil vom Bambergischen, Brandenburgischen,
Anspachischculmbachischen Lande, das Gebieth
der Reichsstadt Nürnberg, und andere ritter=
schaftliche, reichsstädtische, und in kleinern
Gauen und Grafschaften getheilte Bezirke
mehr.

mehr. Ein anderer Theil vom Nordgau begrief die obere Pfalz, das Voigtland, das egrische Gebiet und die Grafschaft Chamb.

2. Der Rangau oder Radenzgau, (insgemein Rednizgau, Pagus Rangove, Radenzgoue) vom Rednizflusse. Dieser Gau gränzte an den Aischfluß, an die Redniz, an den Nordgau, und an das Rhies. Die vornehmsten Städte darin sind: Anspach, Kloster Heilsbrunn, Kadolsburg, Erlangen, Vorchheim, Schwabach ꝛc.

3. Der Volkfeldgau liegt zwischen der Redniz, der Aurach, und der Volkach.

4. Der Iphiggau am Maine zwischen dem Volkfeld-Gollach und Radenzgau; darin liegen Iphofen, Kleinlangheim, Kastell, Wiesentheid, Sommerach ꝛc.

5. Der Bodeneckgau, zwischen dem Gollach-Iphig-Radenz- und Taubergau. Er enthielt: Königshofen, Tünkelhausen, Gaubüttelbrunn ꝛc.

6. Der Taubergau oder Tubergau (Daburgove, Tuburgoue). Er enthielt: Bischofsheim, Mergentheim, Lauda ꝛc.

7. Der Ehegau oder Ehegrund enthielt Sugenheim, Deutenheim ꝛc.

8. Der

8. Der Gollachgau vom Flüßchen Gollach.

9. Der Saalgau oder das Sulafeld.

10. Der Banzgau, nebst andern neuern Gauen, nämlich dem Maingau oder Moingau, Kochergau, Lobdengau, Waldsassin, Rheingau, Grabfeldgau u. a. m. —

Noch bis ietzt haben wir über die Gränzen, und die Zuverläsſigkeit der fränkiſchen Gaue, und über die Ortſchaften, die ſie in den ältern Zeiten enthielten, wenig Ausführliches und Gründliches erfahren. Was Lorenz Frieß davon in ſeiner Chronik vorbringt, iſt nicht allein nicht vollſtändig, ſondern auch ſehr unzuverläſſig geſchrieben. — Die erſte Landkarte über Franken mag dieſe ſeyn, welche Sebaſtian von Rothenhahn zur Münſter'ſchen Koſmographie im ſechzehnten Jahrhunderte geliefert hat.

Franken ſelbſt ſoll in der Mitte von Deutſchland liegen, und ehedeſſen einen Theil von Thüringen urb dem Slavenlande (im Bambergiſchen) ausgemacht haben. Es wurde nachher den Sachſen entriſſen, und erhielt einen eigenen Herzog. Der Name francia orientalis oder Oſtfranken erſcheint erſt im eilften Jahrhunderte diplomatiſch gewiß. Aber auch damals als dieß Land von den Karolingern eigene

gene Herzoge erhielt, war und blieb noch ein
großer Theil deſſelben der königlichen Kammer
eigen. Es hatte ſeine Grafen und Herzoge,
welche von den deutſchen Kaiſern aufgeſtellt wurden, bis zum Abſterben der Hohenſtaufiſchen
Familie, mit deren Ende zugleich auch die Her-
zogthümer Franken und Schwaben aufhörten
zu exiſtiren. Von dieſer Zeit an führten die
Fürſtbiſchöffe von Wirzburg den Herzoglichen
Titel. Daher wird auch das kaiſerliche Land-
gericht des Herzogthums Franken zu Wirzburg gehalten.

Die heutigen Gränzen des Fürſtenthums
Wirzburg machen gegen Morgen Bamberg,
das Fürſtenthum Schwarzenberg, die Grafſchaft Kaſtell, Speckfeld, Anſpach und das
Rothenburger Gebieth aus. Gegen Mittag
liegen die Grafſchaft Hohenlohe, gegen Abend
das deutſchherriſche Land Mergentheim —
Wertheim, Mainzer Erzſtift, das Ful-
daiſche Land und Rieneck, gegen Mitternacht
Henneberg und Koburg.

# Drittes Kapitel.
## Vom Jahre 791 bis 1198.

***

### 791.

Der h. Burkhard übergab das Bißthum dem Abte von Neustadt mit Namen Megingaud oder Maingut, und dieser trat es nach drey Jahren an einen Mönch aus dem Andreaskloster (St. Burkard) ab. Der Mönch hieß Bernulf oder Bernwolf. Maingut gieng wieder ins Kloster zurük, wo er auch starb. Er ward zu Wirzburg im Neumünster beigesezt, und war aus dem Grafenstamme Rothenburg.

### 794.

Bernwolf fieng noch bey Maingutens Lebzeiten das mißliche Geschäft an, die Lebensart der iungen Domherren oder Mönche zu reformiren. Diese nahmen ihm dies sehr übel, und warfen ihm deshalb Mainguts gelinde Regierung laut vor. Er iagte sie daher gar aus Wirzburg, sie flüchteten sich zu Mainguten nach Neustadt, und nun entstand zwischen Bern

Bernwolfen und Mainguten ein heftiger Streit, dem aber Kaiser Karl der Große bald ein Ende machte. Bernwolf regierte bis

### 801.

Von Luitherik oder Leutherich*), Bernwolfs Nachfolger, weiß man nichts besonders merkwürdiges. Er war K. Karls des Großen Kapelan gewesen, ehe er das Bißthum erhalten hatte, und empfieng zu Rom die Bischöfliche Weihe. Karl schlug noch zu seinem Bißthume die Gegend zwischen der Rednitz und dem Maine, damals das Slaven und Wendenland genannt, nemlich im Bambergischen gelegen. Er starb

### 803.

Egilhard oder Engelbert war sein Nachfolger. Er traf nach erhaltner Erlaubniß des Kaisers mit einem gewissen Graf Audulf einen Tausch wegen verschiedener Höfe und Güter an der Tauber, und starb

### 810.

Wie die vorigen, kam auch Wolfger oder Wolfgang durch des Kaisers Karls Zuthun zum

*) Ludrik, Lothar, Luther.

zum Bißthum. Durch dieses Wolfgers Bei=
hülfe ward der Streit, den die Mönche zu
Fuld mit ihrem Abte, Ratgar, hatten, beige=
legt. Die Mönche waren nämlich beym Kai=
ser zu Aachen mit der Klage eingekommen, ihr
Abt Ratgar baue gar zu kostbare Gebäude,
lege den Mönchen gar zu viele und beschwerliche
Handarbeiten auf, und dergl. mehr. *) Wolf=
ger hatte mit dem nämlichen Ratgar auch
Händel wegen des Zehents, traf mit Grafen
Wikbald wie sein Vorgänger einen Gütertausch,
und erhielt die Flecken Eßfeld und Gibelstadt
wieder zurück, durch jenen Tausch aber kam
Warnek und Bleichfeld aus Stift. Er starb

832.

Humbrecht oder Humbert, Wolfgers Nach=
folger, wurde aus dem Klerus gewählt. Man
nennt ihn auch Hubert. Er stand dem Biß=
thume vor bis

842.

*) In der Klageschrift der Mönche an den Kai=
ser wird nur von einem einzigen Marien= und
Apostelfesttag gemeldet: nämlich Maria Him=
melfarth, und Petrus und Paulus, mithin wa=
ren damals die übrigen Marien und Apostelfe=
ste noch nicht eingeführet.

842.

Ihm folgte Goßwald, der zuvor Abt zu Neustadt am Maine, zu Alteich in Baiern, und K. Ludwigs Kanzler gewesen war. Zu seiner Zeit brannte der Dom ab, indem ein Bliz darein schlug, sechs Mönche tödete, die nebst andern eben im Chore waren. Zugleich verbrannten alle Briefe und Urkunden von Pipin und Karl dem Großen. Goßwald wolte indessen, bis die Kirche neu erbaut wäre, den Gottesdienst nicht unterlassen, und zog sich mit seinen Mönchen in eine, nahe bey der verbrannten Domkirche liegende Kapelle, kaufte einige daselbst herumliegende Wohnungen, die er von den Mönchen beziehen ließ, und sezte dann den Gottesdienst fort. Die Mönche fiengen nun aber an, gar nicht erbaulich zu leben, und man wendete daher alle mögliche Mühe an, um sie wieder zur vorigen Verfassung zurückzubringen. — Wohlhabende und fromme Leute ließen von dem Ihrigen den Dom an dem Plaze, wo er zuvor gestanden hatte, aufs Neue erbauen, und einige Wohnungen für die Mönche daneben errichten. Am Plaze dieses Doms steht lezt das Neumünster. Goßwald starb etliche Monate nach diesem Brande. Der

F

Schre-

Schrecken, den dieser Zufall bey ihm erregt hatte, mag seinen Tod beschleunigt haben. Ihm folgte

## 852

Arno oder Arn, welcher vorher Mönch oder Kanonikus am Domstifte zu Wirzburg gewesen war. Er fieng die Domkirche wieder zu bauen an, und errichtete noch überdieß, innerhalb zehn Jahren, andere neun Kirchen zur Ehre Gottes. Er war im Kriegswesen sehr erfahren, und stritt mehrmalen unter Anführung Grafen Heinrichs von Babenberg, des grösten Helden iener Zeit, sehr tapfer gegen die Normannen, gegen die er verschiedenemale mit fränkischen Völkern auszog. Aber im Kriege, den Kaiser Arnhülf gegen die Mähren oder Slaven führte, wurde er in Sachsen, während er Messe las, von zwey Soldaten aus dem feindlichen Heere überfallen, und ermordet. Sein Leichnam ward zu Wirzburg beigesezt. Ihm folgte nach einer vierzigiährigen Regierung

## 892

Rudolf oder Rathhülf, Graf von Rothenburg. Er war ein sehr unruhiger und menschen-

menſchenfeindlicher Mann, der durch ſeine Unarten das Stift ſehr in Unglük und Schaden
brachte. Gleichzeitige Schriftſteller ſagen gar
von ihm: er ſey im Kopfe verrükt geweſen. Er
war vorher Abt zu Hirſchau geweſen, und durch
Hülſe ſeiner Brüder, die bey Kaiſer Arnhülfen
ſehr im Anſehen waren; zum Biſtum gelanget.
Als Bruder der übrigen Rothenburgiſchen Grä-
ſen, und ohnehin ſchon aus dieſer Urſache, daß
er einen unruhigen Geiſt hatte, ſuchte er bald
mit den Babenberger Grafen Händel anzufangen. Der vorbemeldte heldenmäßige Graf
Heinrich von Babenberg war im Jahre 888
bey Paris durch Hinterliſt umgekommen; ſonach hatten die Feinde ſeines Hauſes iezt ſchon
mehr Muth, ſich an ſeine drei Söhne zu wä-
gen. Rudolf trug mächtig dazu bey; und ſo
begannen denn die öffentlichen Feindſeligkeiten
unter beiden Grafenfamilien, die ſich erſt mit
dem Untergange einer Familie endigten. Die
Urſache zu dieſen Irrungen waren der
Neid, den die Rothenburger darüber hatten,
daß die Babenberger Grafen ſo mächtig und
reich waren, und ſich vor niemanden zu fürchten
Urſache hatten. Rudolf, ihr ärgſter Feind,
beſchädigte da und dort ihre Dörfer und Güter,
und machte verſchiedene Foderungen an ſie. Hier-

 über

über kam es 902 zu einem blutigen Treffen, worinn ein Babenberger Graf, mit Namen Heinrich, erschlagen, und sein Bruder Adelhard gefangen, und auf Gebhards Befehl enthauptet wurde. Gebhard war Rudolfs Bruder, welcher in dem nämlichen Treffen gleichfalls seinen Bruder Eberhard verlor. Er ward zwar lebendig, aber mit so vielen Wunden bedekt aus dem Schlachtfelde getragen, daß er nach einigen Tagen starb. Nun war noch auf der Babenberger Seite Graf Adelbert oder Albrecht *) und auf Seite der Rothenburger Rudolf und sein ältester Bruder Konrad **) nebst seinen zwey Söhnen Konrad und Eberhard übrig. — 903 zog Graf Adelbert mit großer Heereskraft gegen Rudolfen zu Felde, schlug ihn, und verfolgte ihn bis nach Wirzburg, iagte ihn auch von da weiter bis über den Spessart, und verheerte alles, was bischöflich und rothenburgisch war. Kaiser Ludewig das Kind nahm ihm das alles sehr übel. Er war mit den Rothenburgern sehr nahe verwandt, zumal da Konrad der Aeltere seine Schwester Glißmuda zur Gemalin hatte. Er

wußte

---

*) Albert, Alberich, Abelbero, Abelbrat.

**) Kühnrath, Kuenrad, Kuno, Kanibert, Kunze.

wuſte die Biſchöfe bald auf : der Rothenburger
Seite zu bringen, und beſchloß daher, einen Zug
gegen Adelberten zu — wagen. Indeſſen
aber rüſtete ſich gegen das Jahr 905 Adelbert
abermal wider ſeine Feinde, diesmal aber beſonders wider Graf Konraden, den Herzog von
Franken, der in · Heſſen wohnte. Adelbert
gebrauchte, indem er dem Heere Konrads immer näher kam, die Liſt, und vertheilte ſeine
Leute in drei Haufen. Konrad merkte ſeine
Abſicht nicht, und theilte die Seinigen ebenfalls
in drei Haufen. Aber ehe es lezterer vermu-
thete, ſtürzte Adelbert mit ſeiner ganzen Macht
wütend auf den Haufen ein, den Konrad ſelbſt
anführte, und ſogleich nahmen die Meiſten von
Konrads Leuten, welche aus Sachſen beſtan-
den, und es ſtets mehr mit den Babenbergern
gehalten hatten, die Flucht, und Konrad mit
den Uebrigen wurde erſchlagen. Adelbert zog
hierauf vom Schlachtfelde bey Frizlar weg,
durchſtreifte das ganze Land Konrads, und
zog ſich reich mit Beute beladen wieder nach
Bamberg in ſein Schloß Altenburg zurük.
Er achtete es nicht, daß Ludwig, indeſſen er
ſeinen Feind gedemüthigt hatte, ihm verſchie-
bene Schlöſſer und Güter weggenommen, und
an ſeine hungerigen Kreaturen verſchenkt hatte.

F 3                    Er

Er ließ ihn ganz ruhig in seinem Schloß
Theres haussen und wirthschaften, und erwartete, ob er endlich so viel Muth fassen, und ihn
vor seiner Burg zu Babenberg besuchen würde.
Ludewig kam nicht, schikte aber einige Haufen, die mit blutigen Köpfen wieder nach Theres zurükeilten. Ludewig that nun bald völlig verziht auf die Rache, die er an Adelberten
gerne hätte nehmen mögen, als Erzbischof Hatto von Mainz zu ihm gieng, und ihm Adelberten zu überliefern versprach. Er reiste hierauf nach Babenberg ab. Adelbert war zu
ehrlich und truglos, als daß er hätte vermuthen
sollen, Hatto gehe fälschlich mit ihm um. Hatto hatte nämlich ihn dahin beredet, mit ihm
nach Theres zum Kaiser zu reiten, und, falls
sich die Irrung nicht durch eine mündliche Unterredung würde beilegen lassen, so gelobe er
ihm bey guter Treue, ihn wieder ganz unge-
fährdet und unbeschädigt in seine Burg zurük
zu liefern. Adelberts Biedersinn gläubte dem
falschen Manne, und trat mit ihm den Weg
nach Theres an. Als sie drei Stunden weit
geritten waren: kehrte sich Hatto zu Adelberten mit der verstellten Aeusserung: Es habe
ihn jähling der Hunger befallen, und er bäte
ihn, nochmal mit ihm zurükzukehren, und ein

Mor-

Morgenmahl einzunehmen. Adelbert arg-
wöhnte noch immer nichts Böses, und kehrte
voll Gutmüthigkeit nach seinem Schlosse zurük.
Er hatte dem Hatto schon vor der Abreise aus
der Burg ein Frühstük angeboten, das dieser
aber nicht ohne Ursache damals ausgeschlagen
hatte. Wie gesagt, man ritt wieder von Trun-
stadt aus nach Altenburg zurük, und machte
nach eingenommenem Morgenimbs (Frühstü-
ke) den nämlichen Weg hinab nach Theres,
und — Adelbert kehrte nicht mehr wieder zurük. Er kam zu Theres an, und sogleich empfieng man ihn als einen Gefangenen. Er berief sich auf Hatto's gegebenes Wort: aber
dieser lachte, und entgegnete ihm: er habe sein,
ihm gegebenes Wort redlich gehalten, habe ihn
von seinem Schlosse heraus, und dann eben so
unbeschädigt wieder zurükgeleitet; daß er alsdann nochmal mit ihm den Weg hieher gemacht
habe, das müsse er sich selber zuschreiben. Adelbert schalt ihn einen verlogenen und falschen Bischof, durch dessen Verrätherei er sein Leben
verliere. Und wirklich ward er nach drei Tagen enthauptet. Ganz Deutschland verfluchte
den Hatto wegen dieses Meineids, und man
machte beschimpfende Gassenlieder auf ihn, und
sang sie lange Zeit allenthalben. — Rudolf

F 4

aber

aber hatte endlich zur Freude aller Landesunterthanen zum Nachfolger

### 908

Theodor oder Dieterich, einen Mönch
aus dem Kloster Neustadt, unter dem der Dom
zum zweitenmale abbrannte.    Ihm folgte

### 932

Burkard der Zweite, zuvor Abt zu Hirschau.    Kaiser Heinrich der Vogler beförderte ihn zum Bistume von Wirzburg.    Sein
Nachfolger war

### 941

Poppo aus der gräflich-Henneberg- oder
Babenbergischen Familie.    Sein Vater war
Burggraf zu Wirzburg.    Kaiser Otto, dessen
Vaters Schwester Baba Poppo's Mutter
war (Heinrich des Babenberger Grafen A-
delberts Bruder war Poppo's Vater, und
im Treffen mit den Rothenburgischen Grafen
902 erschlagen worden), half ihm zu dem Bis-
thume, und ertheilte zugleich den Kanonikern
die Freiheit, künftig allemal den neuen Bischof
aus ihrer Mitte zu erwählen.    Poppo starb
auf dem Reichstage zu Regensburg, und
ward nach Wirzburg geführt.    Ihm folgte

### 961

961

Poppo II. aus dem nämlichen Grafen-Stamme. Unter seiner Regierung war der Sommer so heiß, daß alle Früchte verdorreten, und darauf viele Leute hinstarben. Sein Nachfolger war

984

Hugo, ein Graf von Rothenburg und Kaiser Otto's des Zweiten Kanzler. Auf sein Ansuchen ward der h. Burkard vom Pabste kanonisirt. Er lieferte die Grafen Dieterich und Wilhelm von Kastell, die des Kaisers abgesagte Feinde waren, Otto in die Hände, der sie enthaupten ließ. Ihm folgte

989

Bernhard, abermals ein Graf von Rothenburg. Er war zuvor Mönch zu Hirschau gewesen; hierauf wurde er Prior im St. Andreaskloster, und zulezt Bischof. Kaiser Otto III. schikte ihn mit Bischof Johann von Florenz, nach Konstantinopel, um für ihn die Tochter des Kaisers zur Ehe zu werben. Aber Bernhard starb unter Weges zu Achaia. Ihm folgte

995

995

Heinrich oder Hezelin I. ebenfalls ein Rothenburger Graf. Er war ein sehr eifriger und wohlgesinnter Bischof. Er hatte viel Verdruß mit Kaiser Heinrich II. oder dem Frommen, der zu Gunsten seines Kanzlers Eberhards Bamberg zum Bistume erheben, und dem Bischofe von Wirzburg, unter dem ein großer Theil vom Bamberger Lande stand, keine hinlängliche Genugthuung leisten wollte. Endlich wurden beide doch dahin einig, daß ihm Heinrich der Kaiser beim Pabste auswirken sollte, daß das Bistum Wirzburg zum Erzbistume erhoben würde. Heinrich versprach alles Mögliche für ihn zu thun, und Bischof Heinrich, der die Sache schon für ganz gewiß hielt, schikte ihm sogleich auch seinen Bischofsstab, und erwartete dagegen nächstens den erzbischöflichen zu erhalten. Aber der blieb aus; denn es fanden sich auf mehreren Seiten der Hindernisse so viele, daß Kaiser Heinrich seinem gethanenen Versprechen nicht Genüge leisten konnte. Sein Kanzler rieth ihm, nach Frankfurt am Maine ein Koncilium (Versammlung) zusammen zu rufen, und die versammelten deutschen Bischöfe daselbst dahin zu bringen, daß sie ihm in seinem Vorhaben behülflich wären, und

den

den Bischof von Wirzburg dahin zu bewegen
suchen mögten, daß er Heinrichen nicht ferner
in seinem Vorhaben, Bamberg zum Bistume
zu erheben, hinderlich wäre. Daher ward auch
Bischof Heinrich besonders zum Konclium nach
Frankfurt eingeladen, aber er erschien nicht, und
sandte nur einen seiner Leute mit Namen Beh-
ringer. Nachdem sich wirklich die Bischöfe
zu Frankfurt versammelt hatten, erschien auf
einmal der von seinem Kanzler wol unterrichtete
Kaiser im Saale vor den Bischöfen, fiel vor ihnen auf die Knie nieder, legte Zepter und Kro-
ne neben sich auf den Boden, und weinte und
bat so flehentlich die Bischöfe, in sein Vorhaben einzuwilligen, daß wirklich alle dadurch
gerührt wurden, und einer von ihnen dem Bischof von Wirzburg unter andern auch dies zuschrieb: er wünschte, er (Heinrich der B.) wäre gegenwärtig gewesen, und hätte den Kaiser
in dieser so demüthigen und bittenden Stellung
mit angesehen; er sey versichert: er würde ihm
seine Bitte nicht länger haben abschlagen können. — Genug K. Heinrich brachte es dahin, daß Bamberg nicht allein zum Bistume
erhoben, sondern auch nur unter dem päbstlichen Stuhle zu stehen, und von keinem deutschen Erzbischofe abzuhängen, angenommen ward.

Bi-

Bischof Heinrich erhielt einigermaſſen Entſchädigung für jenen Zufall. Er baute verſchiedene Klöſter, und brachte die Ziſterzienſermönche ins Land. Er erbaute auch das Neumünſter neu, und ſtiftete etliche Chorherren dahin. So ſtiftete er auch das St. Johanneskloſter, oder das Stift Haug und St. Peter, iezt St. Stephan genannt, wo auch nach ſeinem Tode ſein abgelöſter Arm aufbewahrt wurde. Er hat das Stift beſtens verſehen, und ſehr in Aufnahme gebracht. Sein Leichnam ſelbſt ruhet im Stifte Haug oder Hugh, (groß). — Sein Nachfolger war

1018.

Mainhard oder Meginhard. Er galt bey Kaiſer Heinrich II. ſehr viel, und war nicht ungelehrt. Von ihm erhielt er auch die Freiheit zu münzen. Und vom Kaiſer Konrad aus dem Gräflichrothenburgiſchen Stamme, einem Enkel Konrads des Herzogs, der bey Frizlar erſchlagen ward, erhielt er verſchiedene Wildbahnen, als am Steigerwalde, an der Rhöne und Muhrardt. Ihm folgte

1033

Der h. Bruno oder Braun. Sein Vater Konrad war Herzog von Kärnthen. Er war ſehr gelehrt, und noch weit tugendhafter. Er

zog mit Kaiser Konrad II. nach Italien, Mai=
land zu belagern. Aber die Belägerung ward
durch einen Zufall aufgehoben, und man be=
gnügte sich mit dem, daß man die Aufwiegler
in der Stadt zur Strafe zog, und umbrachte. *)

Bru=

*) Ich kann nicht glauben, daß es gut sey, die
im Leben des H. Bruno vorkommenden bei=
den Erscheinungen oder Gespenstergeschichten
oben in dem Texte für die lesende Jugend hin=
zulegen. Beide Geschichten kommen mit der
Denkart der damaligen Zeiten überein, so we=
nig sie auch übrigens der Religion selbst anpas=
sen. Aehnliche solche Geschichten kommen in
der Folge noch vor, und ich bin eben so we=
nig gesinnet, sie den Kindern voll guten altwei=
bischen Glaubens vorzuerzählen, als diese.
Freunde der Gespenstermährchen, die vielleicht
ein Mißfallen daran haben mögen, daß ich die
Jugend der Mühe überhebe, dergleichen Sä=
chelchen in diesem Buche zu lesen, können,
wenn sie solche zum Nutzen der guten Sache
für nöthig und dienlich erachten, die Sache so
verbessern, daß sie den Kindern dergleichen Al=
bernheiten getreulich aus ihrem Kopfe vorerzeh=
len, und solche mit ihrer lieben Weisheit be=
reichern. Auch giebt es noch immer alter und
neuer Bücher die Menge, die solche Historien
enthalten, die sie, aber wie gesagt, wenn sie es
für

Bruno starb von einem Falle. Er befand sich nämlich in Ungarn bey Kaiser Heinrich dem dritten. Auf einmal stürzte der Saal, worinn sich die Reisenden befanden, ein, und mehrere wurden erschlagen, und verschiedene tödlich verwundet. Unter diesen leztern befand sich auch Bruno, der wirklich sieben Tage hernach verschied. Er hatte dem Stifte ebenfalls sehr viel genützet. Ihm folgte

1045

Adelbert oder Albert ein Graf von Schärbingen aus Baiern. Zu seiner Zeit entstanden iene schreklichen Irrungen zwischen Kaiser Heinrich IV und Pabst Gregor VII oder Hildebrand.

Albert hielt es mit dem Pabste, und ward daher vom Kaiser Heinrich abgesezt, und statt seiner erhielt Meinhard das Bistum. Er kam nachmals wieder ans Bistum, und wurde abermal abgesezt. — Bischof Otto und Hermann von Bamberg dachten redlicher gegen den Kaiser ihren Herrn; freilich wurden sie dafür exkommunizirt, aber — — ich wende mich

für nöthig und nüzlich halten, der lieben Jugend gar erbaulich vorlesen oder auch erzählen können.

mich lieber von der ganzen Szene weg. Al-
berts Nachfolger war

1088

Ainhard, ein Graf von Rothenburg, ebenfalls ein sehr frommer und gelehrter Mann, der
öfters selbst seinem Volke das Wort Gottes ver-
kündigte. Zu seiner Zeit fieng unter den Christen in Europa die Raserei an, nach Palästina
zu kreuzfahrten. Ihm folgte

1104

Rupert oder Ruprecht von Tundorf, der
ebenfalls wie Albert zweimal abgesezt wurde.
Er glaubte zu Rom beim Pabste sichrer zu seyn,
als in Deutschland, und floh daher dahin. Unter Wegs starb er. — Sein Gegner war

Erlang ein geborner Graf von Kaler aus
Schwaben. Er war ein sehr geschikter Mann,
und ein Freund des verfolgten Kaiser Heinrichs
IV. Auch galt er bey Heinrich dem V. sehr
viel. Er kam doch nachher mit lezterm in Irrung, und dieser wollte ihm die herzogliche Wür-
be streitig machen; aber Erlang wuste sich zu
helfen, und Heinrichs Unternehmen zu vereiteln. Er liegt zu Kloster Schwarzach begraben. Ihm folgte

1122

Rüdiger oder Rudgerus ein Graf von Vahingen aus Schwaben, vom Kapitel erwählt. Gegen ihn sezte Kaiser Heinrich V. Grafen Gebhard von Henneberg ein. Rüdiger ward vom Pabste unterstüzt, muste aber doch Gebharden weichen. Gebhard residirte zu Wirzburg, und Rüdiger hatte seinen Siz zu Heilbronn, wo er das wenige, das an der schwäbischen Gränze zum Stifte gehörte, unter sich hatte. Er starb 1130 an der Pest; und Gebhard resignirte bald hernach freiwillig.

Im J. 1126 ward von Bernhard Reichwein und Gertrud von Eberau das Kloster Ebrach gestiftet, wozu sie das Schloß Eberau hergaben. Hiezu trugen auch der nachherige Kaiser, Herzog Konrad aus Schwaben, seine Gemahlin Gertrud und seine beiden Söhne Heinrich und Friedrich vieles bey. Der Gebrauch, iedesmal das Herz eines ieden verstorbenen Bischofs von Wirzburg dahin in Verwahrung zu bringen, und den Ueberbringer daselbst auf Lebenszeit zu versorgen, hat schon länge aufgehört. — So kam auch 1128 der h. Norbert nach Wirzburg, und durch das Wunder, daß er eine blinde Frau sehend machte, bekam er ausserordentlich große Geschenke an Gütern, Gold

und

und Silber, womit er das Kloster Zell erbaute. Nach vollendetem Baue giengen sogleich drey edle Brüder Johann, Heinrich und Liebhilf in den Orden, und Johann war der erste Abt daselbst. Etliche Jahre nachher entstand auch das Nonnenkloster Unterzell.

Im J. 1131. trug Konrad v. Wüttig- hausen laut des von der Gemeinde zu Sälz, gegebenen Urtheils, ein glühendes Eisen unbe- schädigt in den Händen, zu beweisen: daß die armen Leute zu Sälz nicht zur Domprobstey, sondern zur Kustorie zu W. gehörten. Der in diesem Jahre regierende Bischof Heinrich oder Hezelin, Graf v. Leiningen, starb 1131. ehe er die päbstl. Confirmation erhalten hatte. Ihm folgte

1131.

Embricho oder Emmerich Graf von Leinin- gen*). Kaiser Lothar, sein großer Gönner, be- stättigte ihm den Titel eines Herzogs v. Fran- ken, den Heinrich V. zuvor seinen Vorgängern streitig gemacht hatte.

Im J. 1134. stiftete er das St. Jacobs- oder Schottenkloster zu W. und berief den bekannten h. Macarius, Mönch zu St. Emme- ran

*) Vielleicht ist es der nämliche Heinrich oder Hezelin.

ran zu Regensburg, als den ersten Abt dahin. Er und seine Nachkommen sollten zugleich
jährlich soviel als ein Domherr ausser dem
Kapitel an Einkünsten haben. 1140 erbaute
der damalige Domprobst das Dietericherspi-
tal auf dem Kirschnershofe, wo damals noch
kein Haus stand. Emmerich schenkte viel dazu, und sein Nachfolger noch mehr. Er starb
auf seiner Reise nach Constantinopel 1147. wo
er zwischen Kaiser Konrad III. Gemahlin
Schwester Bertha und dem Kaiser Emanuel
eine Vermählung stiften sollte. Sein Nachfolger war

1147.

Siegfried, ein vertrauter Freund des h. Bern-
hards, weshalb er auch sein Herz nach seinem
Tode ins Kloster Ebrach zu bringen befahl,
weil er diesem Kloster sehr gewogen war.

Im J. 1150. stifteten Billing von Lin-
denfeld, Elvatius v. Greussen, und Sieg-
bod von Zimmern das Kloster Brumbach.
Und das Jahr darauf brach Rappolt, Abt von
St. Stephan, das an seinem Kloster gelegene
Spital, das Bischof Ainhard gestiftet hatte,
ab, und machte ein Nonnenkloster (St. Afra)
daraus. Er mogte dieß für besser gehalten haben. — Siegfrieds Nachfolger war

1153.

#### 1153.

Gebhardt v. Henneberg, ein Bruder des damaligen Burggrafen Poppo zu W. 1156. erbaute Hermann, Pfalzgraf am Rhein, das Kloster Bildhausen, und gab es dem Stifte eigen. 1157 hielt Kaiser Friedrich I. zu W. im Katzenwicker sein Beylager. 1158 stiftete Wolfram v. Babenberg aus Franken, das Kloster Schönthal, und ward nachher Layenbruder darin. — Gebhard befahl in seinem Testamente, alljährlich an seinem Jahrtage für sechs Metzen Waizen Bröd unter den Armen um Gotteswillen zu vertheilen. Ihm folgte

#### 1161.

Graf Heinrich III. v. Berg. 1163 verordnete er, künftig den Verwandten und Erben eines Domherrn oder Kanonikus seine Pfründgefälle nach seinem Tode noch ein ganzes Jahr nachzuzahlen; um die etwanigen hinterlassenen Schulden damit zu zahlen. Zuvor hätten sie nur den Genuß von 30 Tagen nach dem Tode noch zu ziehen. 1161 tauschte Graf Heinrich v. Henneberg mit Bamberg, die Dörfer Hayden und Haydendorf um das Dorf Hausen (Etwashausen vielleicht) bey Kitzingen, und baute ein Nonnenkloster dahin, das er dem



Stif-

Stifte W. zueignete.   Heinrichs III. Nach=
folger war .

1165.

Herold v. Hoheim. 1166 wurden auf
dem großen Reichstage zu W. vom Kaiser Fried=
rich I. dem Stifte alle seine Rechte bestättigt.
Unter Herolds Regierung wurden auch viele
Raubschlösser zerstört.   Er war der erste, der
ein Schwerd mit ins Grab bekam.   Ihm
folgte

1172.

Reinhard.  Er erlaubte den Domherren,
Testamente zu machen.   Ein Jahr vor seinem
Tode (1181) reiste er nach Rom, er nannte
sich: Reinhard v. Gottes Gnaden, ein de=
müthiger Verwalter des Stifts zu W.
Ihm folgte

1182.

Gottfried von Biesenburg. Er war Kai=
sers Friedrich I. Kanzler. Er ließ den Chor von
Steinen wölben, und das Dom ganz von Stei=
nen erbauen, womit er 1189 fertig ward.
Die Kaufleute durften von dem nämlichen 1189
Jahre an ihre Meßbuden auf dem Markte oder
der Domgasse errichten gegen Erlegung von 110
Mark Silbers.   Zuvor waren sie außer der
Stadt am Maine.   Eben so kaufte auch im
näm=

nämlichen Jahre Friz v. Heßlar, ein edler Knecht, dem Grafen von Rineck das Dorf Mappen, und baute daselbst das Nonnenkloster Schonau. Er starb auf einer Reise ins gelobte Land. Ihm folgte

**1189.**

Heinrich IV. von Bibelried, und Babenburg. Unter ihm war ein Pfarrer zu Reichlingsheim, der jedes seiner Pfarrkinder von der Walfarthsreise, die alljährlich die um W. liegenden Städtchen und Dörfer am Pfingstfeste dahin thun mußten, dispensirte, wenn sie ihm einen Käse gaben. Heinrich verbot dem Pfarrer, mit Namen Rüger, den Unfug, und befahl, die Sache beym Alten zu lassen. Er selbst starb vor Kummer über die mislungenen Heerzüge, deren er selber zwey mit ins gelobte Land gemacht hatte, und über den großen Verlust der Leute, die die Kreuzzüge schon gekostet hatten. Sein Nachfolger war

**1193.**

Gottfried II. von Hohenlohe. Weil er den Geistlichen so sehr gewogen war, nannte man ihn nur den Vater der Geistlichen. Sein Nachfolger war Konrad von Rabensberg.



Vier-

# Viertes Kapitel.
## Vom Jahre 1198 bis 1412.

## 1198.

Konrad der Erste von Rabensberg, vorher Bischof zu Hildesheim. Auch er reiste wie alle seine Vorfahren nach Paläſtina, und kam wieder nach Hauſe, ohne seinen Zwek erreicht, und die Eroberung des heiligen Landes bewerkſtelligt zu haben. Er war vorher der drey Kaiſer aus dem Hauſe Hohenſtaufen, nämlich Friedrichs I oder Rothbarts, Heinrichs VI und Philipps Kanzler geweſen. Heinrich brachte es dahin, daß ihn das Kapitel zu Wirzburg zum Bischof poſtulirte.

Durch die Entſtehung der verſchiedenen Ritterſpiele, Turniere und Heerzüge des deutſchen Adels muſten natürlich auſſer mehrern andern auch dieſe ſchädlichen Folgen bald entſtehen, daß verſchiedene Ritter, denen Kriegen und Kämpfen einmal das liebſte Geſchäft geworden war, und die zugleich meiſtentheils mit nichts weiter als mit dem Schwerte und der Lanze umzugehen gelernt hatten, oftmals entweder gerade keine ne Gelegenheit gegen einen Feind ins Feld zu ziehen hatten, oder aus einer gewissen Trägheit keine weitere Heerzüge machen, und sich Beute nach Hause holen mochten, auf den Gedanken verfielen, lieber in ihrem Vaterlande und in der Nähe ihrer Burgen und Vesten zu verbleiben, und zuweilen auf die nächstgelegenen Schlösser und Dörfer Streifzüge und Ausfälle zu wagen. Die leidigen Kreuzzüge mochten zur Beförderung dieses Uebels und Vermehrung der Raubritter *) und Raubschlösser gewiß nicht wenig beygetragen haben. Der Verfall der Sittlichkeit, die Verbreitung des Luxus, der beförderte Hang zum Kriege und zur Verübung allerley Grausamkeiten, alle diese Uebel waren Folgen der Kreuzzüge.

Daß aber auch in unserm Frankenlande schon um diese Zeit solche Raubschlösser und Schnapphäne existirt haben, meldet uns die Geschichte in dem Leben Bischof Konrads. Besonders einige seiner Verwandten, nämlich Bob von Hund und Rheinstein, Heinz von Falkenberg, und sein iunger Vetter von Rabensberg stüzten sich auf seine Verwandschaft,

G 4

und

*) Man nannte sie auch Halbritter, Sattelritter, Schnapphäne, und Leute die vom Sattel und Stegreife lebten.

und verübten seiner bekannten Strenge ungeachtet allerlei Straßenräubereien, fielen die Leute
auf den Wegen an, und besonders vergriffen sie
sich an jungen Weibsleuten. Die Bürger von
Wirzburg ertrugen solchen Unfug lange; und
als endlich der junge Rabensberg, ungeachtet
alles Warnens von Seiten des Bischofs, dennoch fortfuhr, junge Weibspersonen zu beleidi-
gen und zu entehren, und die Bürger laut darüber klagten, daß niemand mehr vor ihm und
seinen Konsorten bey Nachtszeit auf der Straße
sicher wäre: so sahe sich Konrad gezwungen,
öffentlich bekannt machen zu lassen: daß wer sich
künftig wieder über einem solchen Vergehen der
Entehrung einer Weibsperson betreten lasse, ohne Ansehen der Person das Leben verwirkt haben solle. Der junge von Rabensberg bekümmerte sich wenig um diesen Befehl, und ent-
ehrte neuerdings die Tochter eines angesehenen
Bürgers mit Gewalt. Die Eltern und An-
verwandten des Mädchens flehten nun laut den
Fürstbischof um Bestrafung des Verbrechens
an, und Konrad ließ ihn nach Urtheil und
Recht enthaupten. Aber die Freunde des Ent-
haupteten nahmen diesen Urtheilsspruch des Bischofs so übel auf, daß Bod von Rabensberg und Heinrich Hund von Falkenberg
mit

mit ihren Knechten Konrad und Ehrhold thaten 3 Dec. am Samstage 1203, als er ganz allein durch den Bruderhof gieng, um im Dome Messe zu lesen, anfielen, und ihm erst den rechten Arm, den er, um sich zu schützen, vorgehalten hatte, abhieben, und dann vollends ermordeten. Hierauf bestiegen sie sogleich die schon in Bereitschaft stehenden Pferde, und flüchteten sich ausser Landes.

Die Bürger von Wirzburg hatten diese Mordthat kaum erfahren, so geriethen sie in eine solche Wuth, daß sie sich sogleich aufmachten, und das drey Stunden von Wirzburg bey Erlabrun gelegene Rabensberg oder Rabensburg mit Gewalt einnahmen, und zerstörten. Das nämliche geschah auch mit dem Schlosse Falkenberg bey Geroldshofen. *) Der Platz, wo das Schloß Rabensberg ehemals gestanden hatte, gehört iezt dem Kloster St. Stephan zu Wirzburg.

Die Mörder selbst, deren Weiber und Kinder ins Elend verjagt wurden, zogen als geächtet lange Zeit flüchtig herum, und konnten nirgends Sicherheit erhalten. Endlich wandten sie sich nach Rom an den Pabst Innozenz III. und baten öffentlich und in blossen Beinkleidern

G 5 und

___

*) Vielleicht **Falkenstein.**

und mit Wieden um den Hälſen, um Buſſe
und Abſolution. Sie erhielten hierauf folgende
Strafe: Sie ſollten hinfort kein Gewehr noch
Waffen mehr tragen noch gebrauchen, als allein
gegen die Türken oder zu ihrer eignen Rettung
in Lebensgefahr. Ferner ſollten ſie künftig keine
färbigen Tücher mehr tragen, und bey keiner
Freude und öffentlichen Luſtbarkeit mehr erſcheinen, ſich nach ihrer Weiber Tod nicht mehr ver-
heirathen, und ſobald ſie können, gegen die Türken ausziehen, und zwar ſollte Bod der älteſte
drey oder wenigſtens zwey Jahre auf ſeine Koſten einen Knecht gegen die Türken mit ſich führen; die vier Mörder aber ſelber ihre vorgeſetzte
Reiſe nach Jeruſalem baarfuß antreten; alle
Montage, Mittwochen und Freytage, alle Qua-
tember und Vorabende beſonderer Heiligen bey
Waſſer und Brod faſten. Ferner die 43tä-
gige Faſten, die eine vor Oſtern, die zweyte
nach Pfingſten, die dritte nach Weihnachten,
und ihr Lebenlang auf dem Tage, woran ſie ihren Vetter ermordet hätten, kein Fleiſch eſſen.
Ferner alle Tage und Nächte hundert Vaterun-
ſer knieend beten, und auſſer Todesgefahr nie
zum Abendmale gehen. Und ſo lange ſie jen-
ſeits des Meeres ſeyen, nur Sonntags Fleiſch
eſſen. Und bey ihren Reiſen durch Deutſchland

land ſollen ſie in jeder großen Stadt im Hemde
und in Beinkleidern mit einer Wiede um den
Hals und Ruthen unterm Arme in die daſige
Stiftskirche gehen, die Chorherren um Buſſe
anflehen und ihre Miſſethat bekennen. Nach
Wirzburg aber ſollten ſie an den beyden hohen
Feſten Weihnachten und St. Kilian eben ſo ſich
begeben, vor dem Altare im Dom dem Biſchof
und den Domherren einen Fußfall thun und um
Buſſe bitten. Und wenn ſie dann über Meer
zurük kämen, ſollten ſie ſich abermal an den
päbſtlichen Stuhl wenden, und fernern Rath
und Befehl gewärten.

Endlich erhielten ſie doch die Abſolution
von ihrer Buße und dem Banne. Bod erſchien mit dem Abſolutionsbriefe zu Wirzburg,
und erhielt das Wenige, was noch von ſeinen
Gütern übrig war, zurük, wovon er das Meiſte
an den deutſchen Orden, an Kirchen und Klöſter verſchenkte. Sein Sohn Hermann erhielt zwar auch die Erlaubniß, das Schloß Ra-
hensberg wieder aufzubauen, und die Bauern
zu Veitshöchheim wurden befehlicht, ihm dabey Frohndienſte zu leiſten, aber der Bau kam
nicht zu Stande. — Erſt 1427 nahm Hanns
von Brunn die Enkel dieſer Mörder, nämlich
Frizen und Hanns Hund von Falkenberg
ſonſt

sonst die Gebrüder Münzmeister genannt, mit Beistimmung des Domkapitels wieder zu Gnaden an und ins Land auf, und gab ihnen ihre Freiheiten, Güter, Landrechte, Ehre, Namen, Helm und Schild wieder, belehnte sie mit dem Burgstall Falkenberg, und gab ihnen alle Besitzungen ihrer Voreltern so wieder, daß das Stift nie mehr eine Foderung an sie machen sollte.

Konrad, der ermordete Fürstbischof, der in seinem Leben zweimal gegen die Sarazenen zu Felde gezogen war, und zur Aufnahme des deutschen Ordens sehr viel beygetragen hatte, erhielt an dem Platze, wo er ermordet worden war, eine Säule mit der lateinischen Inschrift:

Hoc procumbo solo, sceleri quia parcere nolo,
Vulnera facta dolo; dent habitare polo.

Zu deutsch: Ich fiel unter der Hand der Mörder, weil ich den Verbrechern nicht nachsehen wollte. Gott gebe mir für die Wunden, die man mir meuchelmörderischer Weise beibrachte, den Himmel. Konrads Nachfolger war

1203

Heinrich V. oder der sogenannte Meister Heinrich von Käse. Nach Friesens Bericht war

war er von edeln Eltern. Ihr Wohnsitz soll Osterburg oder Osterbik ohnweit Bischofsheim an der Rhöne gewesen seyn. Das Schloß selbst wurde nachmals zerstört. — Weil Heinrich so ganz schlecht und recht lebte, hießen ihn viele nur Käse und Brod. — Er ward sonst für sehr gelehrt gehalten, und hatte einige Zeit auf der Universität zu Paris zugebracht. Er starb, ehe er die päbstliche Bestättigung erhalten hatte. Ihm folgte

### 1206

Otto von Lobdenburg. Nach seinem Tode ward nach seiner eigenen testamentarischen Anweisung sein rechter Arm samt einem Juder Frickenhäuser Weines ins Kloster Angerhausen im Anspachischen gebracht, welches seine Eltern, die auch da begraben liegen, gestiftet hatten, laut der an der mittlern Domthüre, die gegen den Neuenmünster führt, stehenden Inschrift, ließ Otto seinen Pfarrkindern im Dom auch den Meßpfenning nach. Unter seiner Regierung hielten auch 1209 Kaiser Otto IV. und 1221 Kaiser Friedrich II. einen großen Reichstag zu Wirzburg. Sein Nachfolger war

### 1223

Dieterich oder Theodor von Homburg an der Werre, und diesem folgte

### 1224

1224

Hermann von Lobdenburg. Von dieſer Zeit fangen die großen Irrungen und Streitigkeiten des Bürgerſtandes mit dem Biſchofe und dem Adel an. Die harten Bedrückungen, die der Bürger von der Geiſtlichkeit und dem Adel zu erfahren hatte; die immer läſtiger werdenden Auflagen, die einzig den Bürger= und Handwerksſtand drükten, indem der Geiſtliche und Adelſtand von allen Abgaben frey blieb, und doch weit größere Freiheiten und Privilegien genoß, als der gequälte Bürgerſtand, der mit einer Menge Abgaben und Frohnbienſten geplagt ward. Dieſe Umſtände waren es, die von dieſer Zeit an ſo viele Unruhen und blutige Auftritte nach ſich zogen, ohne daß eigentlich der Bürgerſtand viel dabey gewonnen hätte.

Schon Hermann von Lobdenburg mußte die Wuth des Volkes erfahren. Er wollte es zwar zum Gehorſam bringen, aber er hatte dabey das Unglük, dem Volke in die Hände zu fallen. Die Veranlaſſung hiezu war dieſe: Die Uneinigkeiten, die damals zwiſchen dem Pabſte und Kaiſer Friedrich II. obwalteten, machten auch auf die Bürger von Wirzburg einen ſolchen Eindruck, daß ſie die Geiſtlichkeit auf alle Weiſe zu drüken und zu verfolgen anfien fiengen. Man zwang sie zum Frohnen, zum Schildwachestehen, zum Nachtwächtersdienste und zur Entrichtung der bürgerlichen Abgaben und Steuern. Der Bischof nahm den Bürgern diese Einrichtung sehr übel, und beschied daher, um dieselben derb zu züchtigen, unter der Hand den gesammten Adel dahin, daß alle Ritter an einem Tage gerüstet erscheinen sollten. Es geschah; aber die Bürger erhielten Nachricht von seinem Vorhaben, und verschlossen sogleich das äussere Thor an der Mainbrüke, fielen hierauf die auf der Mainbrüke selbst sich befindenden Reuter mit aller Wuth an, und tödeten viele, sprengten auch verschiedene in den Main, und nahmen die übrigen gefangen. Zugleich drangen sie nach dem Schlosse hinauf, und droheten, wenn man ihnen das Schloß nicht übergäbe, den Bischof, den sie auf einer Mistkarre mitschleppten, in den Main zu werfen. Hermann, der ihren Ernst sahe, gab nun gute Worte, und versprach ihnen das Schloß zu übergeben, wenn sie ihm das Leben liessen; sonst aber würde es ihnen unmöglich seyn, solches zu gewinnen. Sie sollten ihn daher hinauf vor das Schloß bringen. Man trug ihn also auf eine Mistbahre gebunden dahin. Als dieß die beyden Burgvögte Otto von

Wolf-

Wolfskehl und Rikolph von der eisernen
Hosen sahen, riefen sie vom Schlosse herab den
Bürgern zu: „Sie könnten ohne ihre Ehre und
Pflicht zu verletzen, das Schloß nicht übergeben, würden sie aber den Bischof in Freiheit se-
ßen, und er würde ihnen die Uebergabe des
Schlosses befehlen, so sey es denn ihre Pflicht
zu gehorchen.„ Die Bürger, welche sich auf
des Bischofs Versprechen verliessen, stellten ihn
sogleich in Freiheit. Dieß war es, was man
im Schlosse haben wollte. Ehe sichs die Bürger versehen hatten, war der Bischof ihnen ent-
wischt, und ins Schloß gebracht. Die Bürger
eilten ihm zwar sogleich nach, aber sie kriegten
bey der Sache mächtige Schläge von denen,
die aus dem Schlosse heraus sie anfielen. Sie
zogen sich endlich mit dem Verluste vieler Todten und Verwundeten den Schloßberg herab.
Hermann kam nun nie mehr aus dem Schlosse, und in hundert Jahren wagte es kein Bischof mehr, in der Stadt zu residiren.

Nun aber traf die Rache des Volkes den
Priesterstand mit voller Gewalt. In der Stadt
und auf dem Lande wurden sie theils todgeschla-
gen, theils fortgejagt. So währte es bis 1252.
Jezt entschloß sich die hohe Geistlichkeit in Wirzburg den 9 Febr. des eben angezeigten Jahres

im

im Lande bekannt zu machen: wer künftig ferner einen Priester mißhandeln und kränken würde, solle allemal des Freitags in den Bann gethan seyn; und würde dieß nichts helfen, so
würde man alle Kirchen schliessen, und aller
Gottesdienst sollte aufhören. Bürger und Bäuern bekümmerten sich wenig um diesen Befehl,
und behandelten die Geistlichkeit nach wie vor
auf die nämliche Weise; ja man zwang sie sogar mit Schlägen, Messe zu lesen. Die Ka-
noniker im Stifte Haug musten besonders die
Wuth ihrer weltlichen Nachbarn erfahren. Man
erbrach ihre Häuser, plünderte sie, und legte ihre
Höfe in die Asche. Nachher muste aller dieser
Schade auf päbstlichen Befehl mit einer großen
Geldsumme vergütet werden.

Hermann, der schon verschiedene Jahre
kränkelte, muste diesem Unheile in seinem Lande
unthätig zusehen. Doch suchte er so viel möglich den Nutzen des Stiftes zu befördern, und
kaufte daher kurz vor seinem Tode noch Hannsen von Fuchs den halben Theil des Schlosses Halburg ab. So erhielt er auch vom
Kaiser Heinrich VI. die Freiheit, daß niemand ohne seine, des Bischofs, Genehmigung
im Lande eine Veste oder ein Schloß bauen
dürfte. Friedrich II. bestättigte dieses Privi-
H

legium

legium nochmals. — Ein neuer Beweiß ist uns
dieser Umstand von dem Daseyn der damals
schon vorhandenen Raubritter und Schnapp-
hähne in Franken. Zugleich ersieht man auch
noch aus der vorhergehenden Geschichte des
Streites zwischen dem Bürgerstande und dem
Bischoffe und seiner Geistlichkeit, daß der Stolz
und die Impunität des Priesterstandes sehr weit
gekommen seyn muste. Von dem Misbrauche,
den die Geistlichkeit besonders in diesen Zeiten
von ihrer löse- und Bindgewalt machte, werden wir noch mehrere Beyspiele erzählen. Die
Ruchlosigkeit der Sitten muste in diesen Zeiten
unter dem Priesterstande einen sehr hohen Grad
erreicht haben, denn sonst liesse sich kaum ein
Grund zu dem Hasse und der Feindschaft ange-
ben, die der Laye gegen denselben überall äus-
serte; denn Vorfälle wie der oben erzählte, er-
eigneten sich in diesen Zeiten nicht allein in
Franken, sondern in dem ganzen katholischen Europa. Die Habsucht, Herrschbegierde, der Hochmuth und die Sittenlosigkeit der Geistlichkeit
nebst der erstaunlichen Unwissenheit derselben
muste sie jedermann verhaßt und verächtlich machen. Hermanns Nachfolger war

1259

Ehring oder Iring *) von Rheinstein.
Er war ein Brudersohn des Bischofsmörders
Bod von Rabensberg. 1255 befreyte er
die Domherren von ihren Mönchskutten.

Ehrings Charakter mag nichts weniger
als der lobenswürdigste gewesen seyn; denn die
Geschichte erzählet eine Handlung, die man eher
von einem Nero oder Caligula vermuthen
sollte, als von einem Oberhaupte der christlichen
Kirche. Uebrigens verbreitet selbst diese That-
sache ausserordentlich viel Licht über die schlechte
Moralität der Geistlichkeit jener Zeiten, denn
wenn ein Bischof solche Handlungen zu begehen sich nicht entblödete, wie die nachstehende
Erzählung so gleich ausweisen wird, wie schlecht
muß es erst mit der sittlichen Denk- und Handlungsart der übrigen Geistlichkeit ausgesehen haben, die ohnehin eine weit schlechtere, oder auch gar
keine Erziehung genoß, und ganz ohne alle Vor-
bereitung dem Priesterstande sich widmete.

Ering hatte, um die Irrungen zwischen
den Wirzburgern und Rothenburgern zu
schlichten, eine Generalamnestie unter ihnen angeordnet, zuvor aber sie sehr gestraft; dem allen

H 2                                     unge-

*) Auch Erich, Hirinch oder Heinrich.

ungeachtet dauerten doch die Irrungen und
Streitigkeiten unter ihnen fort. Ehring faßte
nun den schreklichen Anschlag, die Häupter und
Stifter dieser Unruhen 12 an der Zahl und von
Adel zu seiner Tafel zu laden, und nachher ermorden zu lassen. Er führte seinen grausamen Anschlag so aus: nach aufgehobener Tafel rief er jeden einzeln in ein Nebenzimmer,
als hätte er ihm insgeheim etwas zu eröffnen,
und so ließ er sie sämtlich beym Eintritte in das
Gemach niederstossen. Der letzte von den 12.
Unglüklichen, ein Ritter von Herrdegen genannt, merkte Unrath und Gefahr, weil er
aber sah, daß er nicht entfliehen konnte; so
faßte er den Entschluß, wenigstens nicht unge-
rochen zu sterben. Wie er also ins Mordzim-
mer trat, zog er seinen Dolch, und hieb dem ihn
empfangenen Bischoffe die Nase damit aus dem
Gesichte, mit diesen Worten: Nimm dieß,
meineidiger Pfaffe, zum Denkmale, so oft du in
den Spiegel blikst? — worauf er auch nieder-
gestossen wurde. Sie waren alle 12 aus dem
Geschlechte von Stein zum alten Stein, und
wurden im Kloster Langheim begraben.

Die Bürger von W. wurden über diese
That so aufgebracht, daß sie ihm allen Gehorsam aufkündigten, seine Münzen zerbrachen, ihm
die

die Steuern versagten, einige seiner Leute,
besonders aber Juden, gefangen nahmen, schätzten, und straften. Ja sie brachten es bey dem
Pabste Alexander IV. dahin, daß künftig nie
mehr ein Priester oder Bischof, wann und wie
es ihm gelüstete, sie sogleich in den Bann thun,
und das Land mit einem unchristlichen Interdicte belegen durfte. 1261 suchten zwar Hermann und Heinrich von Henneberg den Bischof mit der Bürgerschaft zu vergleichen, aber
ohne Nutzen, denn sie fiel den Bischof und seine Geistlichkeit bald wieder von Neuem an, und
plünderte ihre Wohnungen. 1265 kam es doch
endlich durch Ludewig v. Reineks und Heinrichs v. Brauneks Vermittelung zum Vergleiche, daß der Bischof von der Bürgerschaft
2000 Mark, und seine Räthe 200 Mark Silbers für den erlittenen Schaden erhielten, um zugleich damit die zerstörten Kirchen und Höfe wieder zu erbauen. Endlich starb er. Ihm folgte

1266

Konrad II. Graf von Trimberg. Gegen
ihn ward zugleich Berthold von Henneberg gewählt. Indessen Konrad nach Rom gereiset
war, um seine Konfirmation zu erhalten, suchte Hermann, Bertholds Bruder mit seinem
Schwager Heinrich von Kastell nebst etlichen

H 3         Gra-

Grafen aus Thüringen, Sachsen und Meißen, Bertholden mit Gewalt die Bischofswürde zu verschaffen. Aber das Domkapitel rüstete sich gegen ihn gleichfalls zur Gegenwehre, und Berthold von Sternberg, Dombechant und Statthalter zu Wirzburg zog mit der Ritterschaft, den wehrhaften Bürgern und Bauern und mit Grafen Albrecht von Hohenlohe, einem von Braunek und mit den beyden Engelharden von Weinsberg gegen ihn zu Felde. Bey Kitzingen kam es zum Treffen, worinn Berthold von Henneberg mit dem Verluste von 500 Mann Todten dem Dombechant das Feld über lassen muste. Das Treffen geschah an St. Cyriakus Tage 1266. weshalb zum ewigen Gedächtnisse jährlich eine Prozession um die Stadt gehalten, und die Fahne, die mit im Treffen gewesen war, in der Domkirche aufgehängt wird. Ob dieß leztere noch geschehe, wissen wir nicht. Berthold hielt sich meistens zu Mainz auf, wo er auch Domherr war, und ward nach seinem Tode (1282) zu Kloster Neustadt in der Pfarrkirche beygesetzt.

Konrad aber starb auf seiner Rükreise von Rom nach Wirzburg. Ihm folgte

1268

Der oben gemeldete tapfere Dombechant Berthold v. Sternberg, weil ihm aber die Bürger von Wirzburg nicht huldigen wollten, indem sie es auf Anstiften des Hennebergischen Anhanges und der Rothenburger Bürger thaten, so erschlug er ihrer bey 500 bey Kitzingen. Vielleicht ist dieß das nämliche Treffen, worin die Grafen von Henneberg und Kastell besiegt wurden. Der Haß dieser Grafen und der Bürgerschaft zu W. gegen den Bischof dauerte aber indessen noch immer fort, und 1283 den 13 May fielen der Graf v. Henneberg und Kastell wirklich die bischöflich-gesinnte Stadt Schwarzach und das Kloster an, plünderten es aus, zerbrachen alles und legten Feuer in die Kirche. Aber der Ritter Ulrich von Haun löschte es noch, ehe es weiter um sich gegriffen hatte.

Im Jahre 1285 brachen die Irrungen und der Haß der Burgerschaft zu Wirzburg gegen den Bischof neuerdings bey der Gelegenheit aus, daß man wegen des Marktgeldes nicht einig werden konnte. Es kam zwar zu einem Vergleiche, aber der Groll gegen die Geistlichkeit schlummerte nur. Und eben diese Geistlichkeit verursachte den hellen Ausbruch desselben durch

H 4　　　　　ihren

ihren großen Handel und Wandel und Ankauf der Häuser und Weinberge, ohne davon Steuern und Abgaben zu entrichten; wodurch sich der Bürgerstand vervortheilt und mit Auflagen noch mehr gedrükt glaubte. Seine Klagen darüber wurden entweder mit der Bedrohung des Bannes, oder mit dem wirklichen Ausspruche desselben beantwortet, und dem Bürger das Messehören und der Genuß des Abendmahls untersagt. Die Bürger beriefen sich zwar gegen dieß unchristliche Benehmen der Geistlichkeit auf die päbstliche Freiheit; aber die Geistlichkeit, oder wie man damals sagte, die Pfaffheit kehrte sich nicht hieran. Wodurch endlich der Bürger so sehr aufgebracht wurde, daß er sie sämtlich, die Mönche ausgenommen, aus der Stadt verjagte, ihre Häuser plünderte, und wo sich einer bliken ließ, ihn in das Gefängniß warf.

Die Sache wurde endlich bey Kaiser Rudolph I. anhängig gemacht, und er sezte deshalb auf das Jahr 1285 einen Reichstag dahin nieder. Und am 8 Dec. des nämlichen Jahres erhielten Bürgermeister und Rath zu Wirzburg einen kaiserlichen Befehl, die Gefangenen loszulassen, und indessen in Frieden mit einander zu leben. Erst 1287 nahm der Reichstag seinen Anfang, worauf nebst vielen Fürsten

auch

auch ein päbſtlicher Geſandter erſchien, der es
in der Verſammlung dahin brachte, daß man
dem Pabſte Honorius den vierten Theil aller
Nußungen, die wegen eines Feldzugs gegen die
Türken erlegt wurden, auf 4 Jahre lang zukommen ließ. Die Bürger von Wirzburg ver-
willigten ihm den zehnten Pfenning. Allein
die Summe war ſo groß, daß Berthold ſie
zurük behielt, und ſie für ſich und das Stift
verwendete. Sein Nachfolger Mangold muſte
ſie aber, wie wir noch hören werden, doch noch
bey Heller und Pfenning dem Pabſte auszahlen.

Uebrigens mag Berthold ſchwerlich unter
die guten Regenten gehören. Er verſezte noch
vor ſeinem Tode das Schloß Halbburg um eine
Tonne Goldes, und ſein Bildniß auf dem Lei-
chenſteine beym Predigtſtuhle hat noch dies be-
ſondere: daß auf ſeiner Stole und Manipel
Würfel abgebildet ſind, und mitten auf dem
Steine ein Jude oder eine Jüdin mit ſeinen
Kleidern und Biſchofsornate über dem Altare
ſtehet. Vielleicht ſtand er mit einem ſolchen
Manne ſtark im Verkehre, zumal wie die Geſchichte beſagt, die Biſchöfe des Landes in ihren
Bedürfniſſen immer unbegränzter, und ſonach
die Geldquellen immer unergiebiger wurden;
wodurch es alſo leicht möglich ward, daß er

                      und

und andre seiner Nachfolger mit solcher Art Leute in Geschäfte zu treten nöthig fanden.

Daß im Jahre 1271 der Wein und die übrigen Früchte sehr wohl gerathen seyn musten, kann man aus der Inschrift des damals im Dome errichteten messingenen Taufsteines ersehen. — Bertholds Nachfolger war

1287

Mangold Truchses von Neuburg, oder laut andrer Nachricht: ein geborner Küchenmeister von Neuburg. Er war vorher Dompropst gewesen.

Gleich nach seinem Regierungsantritte gerieth er mit den Bürgern zu Wirzburg wegen der Zünfte in Streit, woraus wahrscheinlich große Unruhen hätten entstehen können, wenn sich nicht Kaiser Rudolph ins Mittel geschlagen hätte. Aber das Jahr darauf 1288 geriethen sie und die Geistlichen schon wieder einander in die Haare; Sie riessen ihnen den Hof Grunblach nieder, und würden noch weiter gegangen seyn, wenn nicht Abt Heinrich von Ebrach und Kraft von Hohenlohe sie dadurch besänftigt hätten, beyde Theile sollten bey ihren Rechten und Freiheiten bleiben. Zugleich gelobten 30 Bürger des Raths nebst 12 andern ehrbaren Bürgern dem Bischof eidlich,

ihm

ihm treu und gehorsam zu seyn, und gegen jeden seiner Feinde zu streiten. Der Hof Grundlach muste aus seinen eigenen Kapitalen wieder erbaut werden. — Im nämlichen Jahre fieng man auch das über dem Maine gelegene deutsche Haus zu bauen an, und der unter der dasigen Kirche hindurch führende Weg ward auf Anhalten der Bürgerschaft geschlossen.

Im J. 1294 erließ Mangold den Bürgern das Ungeld, kassirte hingegen auch ihre Zünfte. 1295 den 24 April verkaufte er die Stadt Ochsenfurt ans Kapitel für 4309 Pfund Heller. *) Von diesem Gelde erhielt er 50 Pfunde Heller zu Heidingsfeld. Es wurde nachmals lange und viel über die Nichtigkeit dieses Verkaufes gestritten, weil es ein fürstliches Tafelgut war, dessen Veräusserung weder Mangold noch einem andern erlaubt war.

Dadurch aber, daß Mangold die Zünfte aufgehoben hatte, brachte er die Bürger neuerdings gegen sich auf. Ihr erstes, was sie nun wieder unternahmen, waren die Bedrückungen der Geistlichkeit, denen sie weder Wein noch Getraide wollten ein- oder auspassiren lassen, wenn sie nicht alle bürgerlichen Abgaben mittrügen, wie

*) Ein Pfund Heller galt damals 2 Gulden 30 kr. rheinl.

wie andere. Auf Befehl des Kaisers mußten Graf Göz (Gottfried) von Brauneck, Graf von Hohenlohe und von Wertheim die Ausgleichung des Handels übernehmen. Es geschah, und die Bürger und der Rath kamen aber nur kurz davon. Der Vertrag selbst geschah am Luciatage 1296 und enthielt folgende Puncte. Die Bürger sollten fernerhin dem Bischof in seinen Rechten und Gerechtsamen keinen Eintrag mehr thun. — Ihr Rathhaus und die Sturmglocke sollte nicht mehr seyn — So auch alle Zünfte — Der Bischof sollte nur allein Gericht halten ꝛc. Sechzig Bürger unterschrieben den Vertrag und besiegelten ihn.

Oben haben wir von Bertholden, Mangolds Vorfahren, gehört, daß er dem, 1287 auf dem Reichstage zu Wirzburg anwesenden päbstlichen Gesandten das Wort gegeben habe, für den Pabst eine Beysteuer zum Türkenkriege von seinen Geistlichen einzufordern. Er that dieß wirklich, glaubte aber, er könne diese innerhalb 6 Jahren gesammelte Summe besser verwenden, als der Pabst, der, wie bekannt war, zwar aus dem leichtgläubigen Deutschlande sehr große Geldsummen zog, solche aber nichts weniger als zur Abhülfe der gemeinen Nöthen, wie er doch vorgab, verwendete, sondern sie nach Gefallen verpraßpraßte, oder an seine Verwandte und Nepoten verschenkte. Und doch waren die deutschen Fürsten und Bischöfe so lange hin so kurzsichtig oder geduldig, diesen schreklichen und schändlichen Unfug mit den päbstlichen Ablaßpredigern so viele Jahre lang zu tolerirten.

Pabst Bonifaz VIII. rühmlichen Angedenkens war es, der die von Bertholden nicht abgetragene Geldsumme durch seinen nach Wirzburg abgefertigten Gesandten von Bischof Mangold mit Bedrohung des Bannes und vergl. herauszupressen wußte. Mangold, dem dieser Schuldforderer von Herzen verhaßt war, sah sich wegen des so großen Geldmangels gezwungen, die Thorzölle, und sogar silbernes Kirchengeräthe zu verkaufen, um die verlangten 4500 Gulden, damals eine ausserordentlich beträchtliche Geldsumme, zusammen zu bringen, um die „römische Botschaft (wie Frieß sagt) aus dem Landt hinweg zu fertigen.„ Die Bürgerschaft weinte über diese so ungerechte Geldfoderung des Pabstes, und begleitete seinen von Wirzburg mit dem Gelde abziehenden Gesandten mit Flüchen und Verwünschungen zum Lande hinaus. Dieß geschah 1302.

Mangolds Nachfolger war

And

1303.

Andreas von Gundelfingen. Er hob die Zünfte ganz und gar auf, weil er sah, daß durch sie bisher die meisten Streitigkeiten entstanden waren.

Im J. 1305 gab es so wenig Geld in Wirzburg, daß man welches zu Regensburg aufnehmen muße. Im J. 1307 geschah die Ausrottung der Tempelherren; denen man allerley Verbrechen zuschrieb. Auch in Wirzburg, den Dominicanern gegen über, hatten sie ein Collegium oder Kloster nebst andern ihnen zuständigen Gebäuden.

Um diese nämliche Zeit fiengen die Bürger wieder Unruhen an gegen Bischof Andresen, weil sie sich in verschiedenen Puncten zu sehr beschwert glaubten. Der Adel und die Geistlichkeit muße dabey wieder am meisten ausstehen. Sie bauten besonders über dem Maine unter der Tell eine Mäuer und einen Thurm, so daß wer vom Schlosse herab in die Stadt gieng, oder hinauf gehen wollte, durch die Oeffnung in dieser Mauer passiren muße. Bald entstund hierüber zwischen den Vorstädtern im St. Burkarderviertel mit den Leuten des Bischofs Streit, wobey einige Häcker geschlagen und verwundet wurden. Dieß ärgerte die Bürger und Häcker;

und

und sie schliechen am Faßnachtsabend halb trun‐
ken und bewaffnet gegen das Schloß hinauf,
um, wenn einer von des Bischofs Dienern die
Gegend daselbst paſſiren würde, die obigen Püffe
und Schläge, die die Häcker bekommen hatten,
wieder einzubringen. Einige alte Weiber aber,
die ihr Vorhaben bemerkten, thaten dieß denen
im Schloſſe zu wiſſen, die denn bald darauf mit
Fackeln und in Harniſchen und mit dem Degen
in der Fauſt die Aufpaſſer den Schloßberg hin‐
abjagten, viele verwundeten, und etliche töde‐
ten, die auch unten am Berge verſcharrt wur‐
den. — Auch dieſer Zwiſt ward durch den
Domherrn Wolfram von Grumbach und
Ritter Cuno von Rebſtock wieder dahin ver‐
tragen, daß die Bürger dem Biſchof verſprä‐
chen, den Adel und die Geiſtlichen ungekränkt
zu laſſen, 800 Pfund Heller als Schadenerſatz
zu erlegen, auf dem Schloßberge dem Kühbach
gegen über, auf ihre Koſten einen Thurm zu er‐
bauen, und durch die Mauer unterm Tell ein
neues Loch zu brechen, damit der Biſchof durch
daſſelbe paſſiren könnte, weil er es verſchwo‐
ren hätte, durch das vorhin ſchon in die Mauer
gebrochene Loch zu paſſiren. Der Biſchof hin‐
gegen verſprach ihnen wieder Schuz und Hülfe,
u. ſ. w. Der Vertrag geſchah 1308. Ihm
folgte im Biſtume

1315

Gottfried III. von Hohenlohe. 1317 kam er mit seiner Konfirmation, die er selbst zu Rom holte, nach Wirzburg zurück. — 1316 kauften Arnold von Sand und Ekhard von Större Bürgermeister und Rath zu Wirzburg dem Ritter Cuno v. Rebstock den Hof zum Grafen-Ekhard nebst zwey dabey liegenden Häusern und den Hof zum Scherb um 430 Pf. Heller ab. Im J. 1320. kamen Markard Hahn und Arnold Göze, zwey Bürger und Münzmeisterssöhne von Wirzburg mit dem Bedienten des Domherrn von Tannenberg in der Christmette. im Dom in Streite. Sie riessen ihn vom Altare, wo er stund, und verwundeten ihn so hart, daß er einige Tage hernach starb. Sie flüchteten sich hierauf nach Rom, holten Absolution vom Pabste, und kamen wieder nach Wirzburg. Gottfried nahm sie wieder an, doch muste Hahn vor dem Altare, wo der Bediente angegriffen worden war, ein ewiges Licht stiften. Göz aber muste 80 Pf. Heller zur Stiftung einer neuen Vikarie erlegen. Anbey musten sie noch an drey besondern Tagen nämlich an St. Marks, St. Cyriackus Tage, und in der Kreuzwoche in Hosen und mit Ruthen in den Händen vor der Prozession hergehen. Hahn, der

das

das ewige Licht nicht stiften konnte, muſte vier Jahre ins Elend wandern, bis er endlich ſo viel Geld erbettelte. —

Gottfrieds Nachfolger war

**1322**

Wolfram von Grumbach. Seine Regierung fiel in ſehr traurige Zeiten. 1323 fiel Heinrich Abt von Fulda das Stift W. an, und nahm einige Dörfer weg. Wolfram ſchlug ihn in einem Treffen, bekam ihn gefangen, und ließ ihn lange in einem ſchlechten Gefängniſſe liegen. Der Erzbiſchof von Mainz vermittelte endlich den Handel. — Wolfram verbot auch den Kanonikern im Stift Haug getheilte Müzen oder Kappen zu tragen. 1332 gerieth die Weinleſe ſehr gut, ſo daß in Randersacker dies Jahr 260 und das nächſte nur 12 Fuder Zehend eingiengen. Wolfram hatte zum Nachfolger

**1333**

Hermann von Lichtenberg aus dem Elſaß, der zugleich Biſchof zu Bamberg war. Er war Kaiſer Ludwig des Baiers Kanzler, und wurde dem Kapitel durch einen expreſſen Bothen nachdrüklichſt anempfohlen. Er hatte im Kapitel 17 Stimmen, und Otto von Wolffkehl nur ſechs. Letzterer hieng an dem Pabſte, der zu

J                                    Avig-

Avignon saß, erhielt um baares Geld seine Konfirmation, und brachte es dahin, daß der größte Theil des Kapitels, das ihm entgegen war, in den päbstlichen Bann kam. Weil sich aber Otto vor dem Kaiser fürchtete, begab er sich einige Zeit nach Meß, und 1334 ließ er sich zu Lüttich vom Bischof daselbst weihen.

Hermann aber wurde durch den Pfleger von Mainz bestättigt. Er hat das Lob eines sehr rechtschaffenen und vernünftigen Mannes, auch verschafte er verschiedenen Städtchen und Ortschaften im Lande Gnaden und Privilegien von seinem Gönner, dem Kaiser. Zugleich verband er sich mit der Geistlichkeit dahin, keine Befehle noch Briefe vom Pabste anzunehmen, sondern ihm alle Briefe und Bothen auszuliefern. Er genoß jedermanns Liebe und Achtung und starb von allen bedauert im Jahre 1335.

Otto kam sogleich nach Wirzburg, und fand bey seinen Freunden auf dem Schloße Roßberg oder dem Schenkenschloß so lange Schuß, bis ihn das Kapitel einmüthig zum Bischof wählte.

Indessen blieben die Bürger bis 1337 im päbstlichen Banne; weil sie wie die meisten Städte allemal auf der Seite der Kaiser waren. — Otto suchte sie mit Gewalt zu unterjochen,

jochen, und schlug sie 1338 bey Ochsenfurth
in einem Scharmützel. 1344. am Vorabende
Magdalenentages trat der Main so stark aus,
daß das Wasser bis über der Plattnersgasse
stand, die Brüke und viele Häuser, Mauern
und Thürme wegrieß. Im nämlichen Jahre
kamen die Bürger unter sich überein: künftig
die Geistlichkeit weder Wein noch Getraide mehr
verkaufen zu lassen. Otto rieth ihnen von ihrem Vorsatze abzustehn; aber sie achteten nicht
auf seine Stimme, und man rüstete sich auf
beyden Seiten zum Streite. Auf der Bürger-
seite waren Konrad von Schlüsselberg, nebst
der Stadt Rothenburg und Windsheim ꝛc.
Auf des Bischofs Seite waren die Burggrafen
von Nürnberg und Heinrich v. Henneberg.
Doch ehe es noch zum Kriege kam, ward durch
Burkard von Seckendorf und Konrad von
Groß, Schultheißen zu Nürnberg die Sache
verglichen. Otto hatte zum Nachfolger

1345

Albert von Hohenlohe. Gegen ihn ward
zugleich des Pabsts Klemens VI. Kaplan und
Domherr zu Kostanz mit Namen Albert von
Hohenberg, von Avignon als Bischof nach
Wirzburg geschickt. Aber Albert v. Hohen-
lohe drang vor, muste aber dem Pabste Geld

 genug

genug dafür geben, um die Bestättigung zu erhalten.   Des Pabsts Kaplan nahm nun mit
dem Bistume Freisingen fürlieb.

Im J. 1347 ereignete sich im Dom zu
W. ein ganz besonderer Vorfall.   Die Brüder
Götz und Beringer von Berlichingen,
Wipprecht v. Thürn, Beringer und Popp
von Adelsheim und Ritter Schlemper von
Hartheim ließen es sich beykommen, Frizen
von Adelsheim, den Bruder der beyden obigen,
im Domstift mit Gewalt einzuführen, und ihm
im Chore einen Platz und Stuhl anzuweisen.
Man grief sie aber mit ihren Knechten auf fri-
scher That, und zur Strafe musten sie sämtlich
ihre Antheile an der Burg und Stadt Adelsheim, Jaxthausen, Herbertsheim, am nie-
dern Schloß Hartheim und Schloß Berlichingen dem Stifte W. zur Lehne machen.  Zugleich musten sie alle 5 angeloben, ihr Lebens-
lang in der Prozession von St. Burkard in
der Vorstadt bis zu St. Kilians Chor im Dom,
mit Helmen, und hinter ihnen ihre Knechte mit
pfündigen Wachskerzen in den Händen zu gehen,
solche auf dem Altare zu opfern, und endlich
musten sie für sich und ihre Knechte und Verwandte eine ewige Urphede ablegen, daß der be-
nannte Friz v. Adelsheim, weder ein Dom-

herr

herr ſey, noch je werben wolle. Bey dem Ausſpruche waren Zeugen; Graf Göz v. Braunek, Graf Ludwig v. Wertheim, Kraft v. Hohenlohe, Heinrich v. Kaſtell, und Göz v. Braunek der Jüngere, nebſt andern mehr.

Auch in Wirzburg gab es wie anderwärts in dieſen Zeiten ſchändliche Szenen der Judenverfolgung. 1348 hatte man ſie wegen der Vergiftung der Brunnen im Verdächte, und es wurden ihrer deshalb viele verbrannt und getödet. Die Wuth gegen dieſe Unglüklichen war ſo groß, daß ſie ſich lieber ſelbſt am Dienſttage nach Oſtern in ihre Häuſer einſchloſſen, ſich mit Weib und Kindern und ihren Habſchaften verbrannten, als durch die Hände der Chriſten eines weit grauſamern Todes zu ſterben.

Im J. 1353 kamen die Bürger wieder klagbar bey dem Fürſten ein: das Land- und geiſtliche Gericht handle gar nicht mehr wie es ſonſt Gebrauch geweſen ſey, ſondern falle gleich mit Bann und Interdict ein. Wenn alſo der Biſchof ſie nicht in ihren Gerechtſamen ſchüze, ſo ſeyen ſie ihm auch nicht länger zu gehorchen ſchuldig. Der Biſchof antwortete ihnen trozig und hieß das Verfahren ſeiner Räthe ganz gut. Hierauf kam es ſogleich zu Thätlichkeiten. Der Biſchof nahm einige Bürger gefangen, und ein



Glei

Gleiches thaten die Bürger mit seinen Geistli=
chen, die sie noch oben drein recht sehr durch=
prügelten. Zugleich errichteten sie im Haug
bey dem Ellersberge ein neues Thor und ver=
schiedene Gebäude am Schlosse und an der
Maingegend, erbrachen die Häuser der Geistli=
chen, zerstörten sie, und die Geistlichen selbst jag=
ten sie aus der Stadt.

Indessen hatte sich Albert um die Hülfe
von Mainz, Trier, Fuld und dem Pfalzgra=
fen Ruprecht beworben, und zog 1354 an
St. Kiliangtag mit vielen Herren der Stadt
vor der Stadt an der Schlüpferlesmühle hin,
nach sechs Tagen zog er auf den Steinberg,
blieb da bis Jacobi liegen, und plünderte und
verheerte die Häuser und Mühlen der Bürger
vor der Stadt. Die Bürger gebrauchten Re=
pressalien, und verheerten die Klöster Himmels=
pforten und Zell, weshalb der Bischof ihnen
auf dem Stein und dort herum die Weinstöcke
aushauen ließ.

Eben jetzt erschien Kaiser Karl IV. zu
W. Dieser vertrug die Streitsache dahin: daß
die Bürger ihrem Herrn gehorsam seyn, die
neuen Gebäude abbrechen, die zerstörten wieder
erbauen sollten 2c. — Für die verderbten Ge=
bäude mußten sie 989 Pfund Heller zahlen. Fer=
ner

ner muſten ſie bey Strafe von 50 Mark Gol=
des alle Gebäude, die ſie neu errichtet hatten,
bis Dreikönigetag abgebrochen haben.     Die
Gebäude aber, die ſie errichtet hatten, ſtanden
im Kühbach am Gleßberg, am Thore nach
Heidingsfeld (Hezfeld), am Burkarderthore
bis an den Felſenbrunnen, am Schloßberg,
am Thurm Nordeck zwiſchen dem Thurm und
dem Zellerthor, und am Schottenkloſter nach
dem Main zu.

   1355 eroberte Albert das Schloß Baſt=
heim.   Im J. 1357 kam es ſchon wieder mit
den Bürgern zur Klage, welche aber zu Tachau
vom Kaiſer Karl IV. beygelegt wurde.   1358
zerſtörte Albert das Schloß Neuhauſen oder
Utenhauſen, das Berthold von Henneberg
auf Wirzburgiſchem Grund erbaut hatte, und
in ſeinem Vorhaben bey Herzog Ludewig von
Baiern Unterſtützung erwartet hatte.     Zur
Strafe muſte Berthold noch Schwarzach, am
Thüringer Walde gelegen, dem Biſchof zur Le=
hen machen.

   Albert regierte, wie die Geſchichte beſagt,
ſehr klug, nur den unruhigen Bürgern lebte er
zu lange.   Er lebte ſehr prächtig, und brachte
auf die lezte das Stift ſehr herunter.   Ihm
folgte

J 4

1372

Albert von Heßberg. Er ließ sich zu Mainz bestättigen, und nahm an verschiedenen Orten, besonders aber zu Wirzburg die Huldigung ein, gab auch den Bürgern verschiedene Rechte wieder, die ihnen sein Vorfahrer genommen hatte, z. B. das Recht, den Bürgermeister und Rath zu wählen, und den Gebrauch der Thorschlüssel. Aber er muste gar bald seinem Gegner, der mit ihm war gewählt worden, weichen. Es war

Gerhard Graf von Schwarzburg aus Thüringen, ehemals Bischoff zu Naumburg. Kaiser Karl IV. und Pabst Gregorius XI. brachten es beym Kapitel zu Wirzburg dahin, daß er postulirt wurde.

Als es zur Huldigung kam, wollte ihm solche weder der geistliche noch weltliche Stand leisten. Die Bürger wollten sich endlich noch dazu bequemen, wenn er ihnen ihre alten Rechte liesse und bestättigte. Gerhard versprach alles, um dann desto weniger zu halten; und er sezte auch wirklich sogleich die Zünfte ab, und verklagte die Bürgerschaft wegen der Thorschlüssel am Kaiserl. Hofgerichte. Dieß Verfahren bewog die Bürgerschaft 1373. alle Zünfte und den alten und neuen Rath zusammen zu rufen,

und

und erblich zu verbinden: Bürgermeistern und
Rath zu gehorsamen, niemand weder geistlich
noch weltlich an Ehre und Gut anzutasten; der
Uebertreter aber solle die Hand, und der jemand
am Leibe angriffe, das Leben verlieren. Dieser
Bund ward verbrieft und besiegelt mit dem
Stadtsiegel, und die beyden Bürgermeister En-
gelhard Weibler und Seyfried Fischlein
unterschrieben sich nebst andern.

Gerhard hatte es indessen am kaiserlichen
Hofgerichte so weit gebracht, daß die Bürger in
die Reichsacht erklärt, und ihm ein erstaunlich
großer Zoll erlaubt wurde. Er ließ hierauf den
Bürgern alles dieß bekannt machen, die Thorschlüssel abfordern, und befahl ihnen, die Zünfte
abzuthun, und seinem Zolle sich nicht zu wider-
setzen. — Die Bürger aber errichteten hierauf selbst einen Zoll in Wirzburg.

Nun zog Gerhard mit seinen Verwandten
und Anhängern zu Roß und zu Fuße gen Wirzburg, eroberte die Vorstadt St. Burkard am
Samstage in der Mitfasten 1374. Am Sonntage eroberte er die Schanzen und Gebäude im
Kühloch, und zerstörte sie. Die Bürger hingegen fielen am nämlichen Tage die Geistlichen
im Stift Haug an, und verbrannten ihre Häuser. — Gerhard belohnte hierauf einige der

J 5

Seine

Seinigen mit den Mannslehen der Bürger, und andern versprach er eigene freye Güter.

Dieß so schnöde Verfahren beyder Partheien ward endlich vom Grafen Gottfried von Rei‐ neck, Ritter Eberhard von Wolfskehl, und Erkinger von Heßberg dahin ausgeglichen: Die Bürger sollten die Thorschlüssel 3 Jahre lang haben, ferner diese 3 Jahre über 24 aus ihrem Mittel zu Rathsherren wählen, aber in‐ dessen die Zünfte abstellen. Dem Bischoff soll‐ ten sie den Eid der Treue leisten, ihn nicht hin‐ dern, seinen alten Rath zu halten, ohne seine Einwilligung keine neuen Gebäude mehr errich‐ ten, und alle Gefangenen loslassen. Der Bi‐ schoff aber solle seine Zölle sogleich aufheben und keine Lehen der Bürger mehr vergeben.

Im Jahre 1377 fieng man blos von den häufigen Opfern die Marienkapelle auf dem Ju‐ denplatze oder dem heutigen Markte zu bauen an.

Nach Kaiser Karl IV. Tode standen die Bürger wieder gegen ihren Bischoff auf, hien‐ gen sich an Kaiser Wenzel, und brachten nicht allein die beyden Reichsstädte Schweinfurt und Windsheim auf ihre Seite, sondern auch verschiedene andere bischöfliche Städte. Ger‐ hard, beynahe von allen verlassen, zog den‐ noch gegen sie aus, eroberte die beyden

Reichs‐

Reichsſtädte, die er aber 1388 wieder abtreten
muſte.

1396 erlaubte ihm der Pabſt, ſeine Geiſtlichkeit zu ſchätzen. Allein nachdem er dem Kapitel und den Klöſtern die dießfallſige Anzeige
hierüber gemacht hatte, wollte man nichts davon hören. Er ließ daher, um ſeinen Zweck,
wie er glaubte, eher zu erreichen, ſeine Haupt-
gegner in der Sache, den Domdechant zu Wirzburg von Malkes und den von Bamberg Otto von Milz und den Bruder deſſelben Hanns
von Milz Domherrn zu Wirzburg, beyde in
ihren Chorkleidern nach Neuhaus bey Mergentheim in Verhaft bringen. Die Geiſtlichkeit nahm ihm dieß Verfahren äuſſerſt übel, und
die Bürger warteten nur, dieſen Umſtand recht
bald benutzen zu können.

Gerhard wandte ſich hierauf mit ſeinem
Geſuche an die Bürgerſchaft, die ihm um ſo
weniger Gehör gab, da er ihr nie viel Freund-
ſchaftsdienſte bisher erwieſen hatte, auch, wie
ſie glaubten, dieſe Auflage nicht nöthig habe,
da er die Gefälle derſelben doch nur wie zeither
verſchwenden, und verpraſſen würde. — Er
ſuchte ſie hierauf dafür nach Kräften zu kränken, und um ihre vom Pabſte erhaltenen Freiheiten zu bringen; brachte es auch ſo weit, daß
ſie

sie oftmals deßhalb nach Mainz und verschiedene andre Orte zitirt wurden. Aber sie erschienen nicht, laut Inhalt der päbstlichen Schrift.
Deshalb wurden sie zu Wirzburg neuerdings in
den Bann gethan, und mit einem Interdicte
belegt. Es war dieses Inhalts: Während des
Interdicts sollte kein Laye zu Gottesdiensten, zur
Beicht, zum Abendmahl, zur Taufe und zum
Empfange des Sacraments der lezten Oelung
und der Ehe gelassen werden. — Die Wirkungen dieses höchst unchristlichen Verbots waren fürchterlich. 1397 den Freytag vor Pfing-
sten kam es zum schrecklichsten unter allen Bür-
geraufruhren zu Wirzburg. Man schlug überall
Sturm. Die Bürger liefen zusammen und
schrien: Die Pfaffen, die doch lauter Fremd-
linge im Lande sind, quälen uns so sehr, daß es
am besten ist, wir schlagen sie tod, und besetzen
ihre Stellen mit Landeskindern. Und wirklich
hielten sie auch Wort. Kein Geistlicher war
mehr des Lebens sicher. Alles flüchtete sich.
Unter diesen war auch der Domherr Kraft von
Hohenlohe. Er wollte sich zur Sicherheit in
die Karthause flüchten. Aber die Bürger arg-
wohnten etwas anders, und schleppten ihn daher
von da heraus, und warfen ihn ins Gefängniß.
Darauf zitirten sie die gesamte Geistlichkeit in

den

den Hof: zum Marmelſtein, um ihre Geſin-
nung gegen die Bürger zu erfahren. Aber vor
Wuth gegen die Geiſtlichen konnten ſie zu keiner vernünftigen Frage kommen. Man wollte
ſie alle ermorden; und nur mit vielem Bitten
lieſſen ſie es endlich ohne Thätlichkeiten abgehen.

Indeſſen ſammelte auch Gerhard ſeine
Freunde unter dem Adel, dem er jedem einzelnen Gleſen 100 Gulden und Futter verhieß,
wenn er ihm dienen würde. Doch ſollte von
dem Solde das löſegeld abgezogen werden, das
jeder aus den Gefangenen, die er machte, löſen
würde. — Eben ſo verbanden ſich auch die
Bürger von Wirzburg und den Landſtädten des
Stiftes, als: Geroldshofen, Karlſtadt,
Haßfurt, Meiningen, Königshofen, Mell-
richſtadt, Fladungen, Schwarzach, Ebern
und Seßlach auf einem Tage zu Schweinfurt, eine der andern beyzuſtehen. Es waren
zwar noch mehrere Städte in dem von den Bürgern ausgefertigten Schreiben zu dem Bunde
eingeladen; aber auſſer den 10 obbemeldten erſchienen keine, und Iphofen und Röttingen
allein ſchrieben es ab, dabey zu erſcheinen, die
übrigen ertheilten gar keine Antwort auf das
Schreiben.

Das

Das erste, was hierauf die verbündeten Städte vornahmen, war: alle Kirchen, Klöster und Stifter ihres Gold und Silbers, ihrer Edelgesteine, Weine und Getraidfrüchte zu berauben, und alles an einem besondern Orte zu verwahren. Sie thaten dieß aus der Ursache, damit sich nicht Gerhard solche zueignen, und als Hülfsmittel gegen sie gebrauchen möchte: Hierauf zerstörten und verbrannten sie auch alle Stiftsgebäude bey St. Burkard; weil sie argwöhnten, der dasige Abt möchte Gerharden jene Häuser zum Hinterhalte für seine Soldleute und zum Ausfalle gegen die Bürger einräumen. Das nämliche geschah auch mit dem Schottenkloster und den Stift-Hauger-Gebäuden, wo es für manchen Geistlichen derbe Schläge absezte, wenn er sich dem gewaltthätigen Unternehmen der Bürger widersezte.

Indessen rückte Gerhard mit den Seinigen vor Geroldshofen und Königshofen, ohne etwas zu erreichen. Das nämliche Schicksal hatte er auch bey andern Städten. Die Bürger von Geroldshofen warfen ihm sogar etliche Ritter: Michael von Seinsheim und Wiprecht von der Tann nieder (fiengen sie).

Sie zogen hierauf vor das Schloß Frauenberg bey Wirzburg, und belagerten Gerharden

den 1398 in seiner eigenen Burg. Sie müsten aber nach zwölf Tagen wieder abziehen, indem die im Schlosse befindliche Ritterschaft einen muthigen Ausfall auf sie wagte. — Sie,
die Bürger, sandten hiernächst Friz Schott
(Frieß hat Schad) als einen Gesandten an
Kaiser Wenzel mit einem beträchtlichen Geschenke, und liessen ihn ersuchen, sie in den
Reichsschuß zu nehmen. Wenzel, der um
Geschenke und Wein alles gerne that, gab ihnen sogleich das Wort, ehestens selbst nach Wirzburg zu kommen; indessen aber schickte er eins-
weilen Szernin Burggrafen von Ellenbogen
nach Wirzburg. Dieser verlas nun den kaiserlichen Befehl, bey dessen Anhörung die Bürger
in lauter Jubel und Frohlocken ausbrachen, in
der süssen Hoffnung, nun durch des Kaisers Ankunft ehestens vollends aus der Gewalt des Fürsten und der Geistlichkeit zu kommen. Ihre
Freude verleitete sie so weit, daß sie sogar an
die übrigen Bundesstädte schrieben, und sich in
der Unterschrift schon Reichsbürger nannten,
und dabey alle ihre Dürftigkeit und Armuth
vergaßen. *) Wenzel erschien endlich. Die
Bür-

*) Daß sie wirklich in sehr bedrängten und dürf-
tigen Umständen waren, hierüber erzählt Frieß
auf

Bürger leisteten ihm die Erbhuldigung und waren voller Freude, daß sie nun Reichsbürger wären; weshalb sie auch einige Fahnen mit dem
Reichs-

auf das J. 1397 ein Beyspiel: Er sagt, die
Städte hätten besonders auch deshalb einen
Bund untereinander gemacht, um sich eher gegen das Andringen ihrer Gläubiger unter dem
Adel und der Geistlichkeit schützen und wehren
zu können, und daß wirklich kurz nach geschlos-
senem Bunde einer von dem Bundstädtebürgern
mit Namen K u n z (Konrad) G r ä f v. Schwarzach mit 4 Fuder Weins dem Ritter W i g l e s
v. Wolfskehl in die Hände gefallen, und ihm
der Wein weggenommen worden sey.    Nun
war zwar dieser G r ä f kein Schuldner Wolfs-
kehls, aber die Gläubiger hielten es für nöthig,
sich, weil sie doch bey den verarmten Bürgern
nicht zu dem Ihrigen zu kommen Hofnung hatten, an jedem andern Mitbürger zu pfänden.
Auch aus diesem Umstande ersieht man schon
sehr deutlich, wie groß der Druk des Bürger-
standes zu iener Zeit gewesen seyn müsse.    Eine andere Bemerkung ist diese,    wie kam der
Bürger in so große Armuth?   und wie konnte
der Druk desselben, da er alle Auflagen und die
so unmäßigen Frohnen und Kriegsdienste auf
sich liegen hätte, endlich etwas anders als Aufruhr bewirken? u. s. w.

Reichsadler sich mahlen ließen, solche auf dem Rathause aussteckten, und damit zu Felde zogen. — Wirklich fielen ihnen auch um diese Zeit Otto von Wolfskehl, Ulrich Weiblein, Eberhard Häuslein und Otto von Rheinstein in die Hände.

Wenzel hielt es indessen doch nicht für billig, die Bürger ganz frey zu machen, und sie ganz von ihrem Herrn loszusagen. Weil er aber doch auch dem kritischen Handel zwischen dem Bürgerstande und dem Fürsten nicht so abhelfen konnte, daß keinem Theile zu viel geschähe; so eilte er heimlich nach Frankfurt, und daselbst gab er 1398 den 21 Jenner sein Endurtheil über die Sache: „Der Bischof und die Geistlichkeit solle bey ihren Rechten verbleiben, aber der Bürgerstand mit den gar zu harten Auflagen künftig verschont bleiben. Auch sollen die Städte sämtlich bey ihren Gerechtigkeiten verbleiben. Und zur Abtragung der Stiftesschulden wolle er einen Stiftsverwalter auf 6 Jahre setzen. Die Bürger sollten demselben gehorsam seyn. Was aber der Bischof und die Geistlichkeit annoch von den Bürgern an Steuer, Zinns, Zehent und geraubten Habschaften zu fodern hätten; darüber wolle er ein andermal entscheiden 2c.

K

Das

Das Kapitel schloß sich nun aus Furcht, daß doch die Bürger noch nicht ganz ruhig seyn würden, an den Bischof an, und am St. Markstage geschah der Vertrag dahin: sie wollten immer in einer Streitsache auf jede Parthey vier Mann wählen, die durch die Mehrheit der Stimmen entscheiden sollen. Im Falle der Gleichheit der Stimmen sollten Hanns von Wertheim, Ludwig von Rineck und Kraft von Hohenlohe als Schiedsrichter und Obmannen auftreten.

Ein ähnliches Bündniß machten nun auch die Bürger am Vorabende Johannis des Täufers mit Dietz von Thüngen, daß sie einander nach allen Kräften getreu seyn wollten. Auch sollten den Bürgern für immer die Häuser des von Reussenberg und Dietz von Thüngen offen stehen, doch sollte keiner der Bürger etwas dabey an der Hand führen. So sollte auch Dietz von Thüngen immer ihnen beyzustehen bereit seyn, und auf ihr Wort erscheinen, aber alle Dienste auf ihre Kosten leisten; weshalb er noch nebstdem alljährlich auf Martini 200 Gulden erhalten sollte, so lange er lebe. Dies war der Bund der XI. Städte.

1398 am Dienstage nach St. Severin übergab Gerhard die Aufsicht über sein Schloß Gra

Grafen Eberhard von Wertheim; Heinz von Wenzleben, Albert von Häßberg, Waltern von Moßbach Domherrn, und seinem Burgvogte Michel von Seinsheim; und zog hierauf aus, die Bundesstädte zu züchtigen.

1399 erwirkten sich die Bundesstädte von Wenzeln zwey Freyungsbriefe, des Inhalts: Sie sollten in ihren Rechten und Freiheiten verbleiben, vor keinem fremden Gerichte erscheinen, und sich an des Bischofs ungewöhnlichen Zoll nicht kehren: — Ferner sollten sie ihr eigenes Stadtgericht haben, und darin über Erb- und Eigenthum und Verbrechen ꝛc. in ihrer Markung urtheln. — Prag, am St. Agnestage 1399.

Am St. Antonstag 1399 erschien endlich auch das Entscheidungsurthel Wenzels zwischen den Bürgern und dem Bischoffe; denn der Inhalt gar besonders mißfiel; und der sich daher auch an andere Fürsten wandte, um für sein Interesse bey Wenzeln zu arbeiten.

Der Inhalt des kaiserlichen Bescheids und Endurthels war dieser: I. Gerhard solle das Stift und dessen Unterthanen bey ihren Rechten und Freyheiten, Zehnten und Gericht, ungestört lassen: II. sollen die Städte ihm neu huldigen und die Thorschlüssel herausgeben. III. Sol-

 ten

len sie dem Bischof geloben, diesen Entscheid zu halten. IV. Wolle er, Wenzel, des Stifts Verweser (? ?) seyn. V. Das Bündniß der Städte solle ab seyn. VI. Sollen die Bürger den Geistlichen Schadenersatz leisten, die Gefangenen, und die dem Bischofe abgenommenen Feldstücklein ausliefern. VII. Der Bann und das Interdict solle aufhören. VIII. Er, der Kaiser, oder sein Stiftshauptmann wolle jeden Theil gegen Verunglimpfung schützen und ihm helfen, und der Verbrecher solle in eine Strafe von 100 Mark löthigen Silbers verfallen seyn. IX. Alle vorigen Briefe des Kaisers im Betreff dieser Händel sollen nun ganz vernichtet seyn ꝛc.

Der einzige VIIte Artikel war dem Bischoffe gar nicht recht: er wollte ihn nicht anders annehmen, als wenn alle diejenigen, welche sich an seinen Leuten und den Geistlichen vergriffen hatten, nach Rom giengen, und daselbst ihre Absolution holten. Die Bürger antworteten: das würden sie nie thun, und es solle eher der ganze Vertrag vernichtet werden, als daß sie sich hiezu zwingen liessen. Der Bischof that keines von beyden, nahm den Kaiserlichen Gesandten als Hauptmann an, und nachdem dieser die Bürger ihres Eides, den sie dem Kaiser fer gelobt hatten, entlassen hatte, sieng der Krieg aufs Neue an.

Beyde Theile warben neues Kriegsvolk. Nun hatten aber die Bürger, zumal die Häcker zu Wirzburg zeither von dem den Geistlichen geraubten Weine und Getraide sehr lustig ge= lebt, und hatten es endlich so weit gebracht, daß sie nichts mehr zu leben fanden, indem alle Keller und Böden theils von ihnen theils von den wahren Besitzern um der Räuber willen wa= ren ausgeleert und alles bey Seite geschafft wor= den. Man berathschlagte sich auf Seite der Bundesstädte, wie dieser Noth abzuhelfen sey, und brachte endlich in Erfahrung, die Geistlich= keit habe ihr Getraide nach Berchtheim bey Schweinfurt in den geräumigen Kirchhof ge= flüchtet. Am 11 Jenner 1400 an einem Sonn= tage zogen 3000 Mann mit ihrem Feldzeichen, das ein Bürger Hanns Brann von Gerolds= hofen vortrug, dahin. Der Bischof, dem ihr Vorhaben kund geworden war, schickte sogleich einige Knechte von Werneck aus nach Bercht= heim, daselbst so lange zu wachen, bis andere Hülfe nachkommen würde. Bald darauf er= schien auch wirklich der Domprobst Hanns von Egloffstein, Jacob von Thüngen, Burkard von Seckendorf, und Balthasar von Moß=

K 3

bach

hach Domherren mit 4 Rittern und 600 Mann,
worunter Hanns Lemplin, Brand von Seinsheim, Wilm von Schaumberg, Dietz von
Fuchs und Karl von Helbe waren. Die
Bürger sahen kaum den Feind, so verliessen sie
sogleich den Kirchhof, und stellten sich in Schlacht-
ordnung. Die bischöflichen Haufen thaten ein
Gleiches, und ehe das Treffen anhub, schlug
der Domprobst noch 6 aus den edeln Knechten
geschwind zu Rittern: Wilm Zeller, Henrich
Lenzler, Hanns Truchseß, Wilhelm und
Hanns von Grumbach und Wipprecht von
Wolfskehl. Das Treffen, bey dessen Anfange
sogleich etliche Ritter ihre Pferde verlassen hatten, um den Bürgern besser zu Leibe gehen zu
können, war sehr hitzig, und nachdem zwey der
Ritter getödet worden waren, geriethen die bischöflichen Haufen in Furcht und ergriffen die
Flucht. Die Bürger und Bauern verfolgten
sie, machten auch viele Gefangene. Aber auf
einmal kamen ihnen neue Feinde in den Rücken; dieß waren 60 Ritter mit ihren Leuten,
die von der Baunach herab eilten, und gerade
zu diesem Treffen kamen. Die Bürger sahen
sich nun in der Mitte; und nun nahmen sie den
Reisaus, verlohren 1300 Mann Wirzburger,
2000 wurden gefangen, und die Hauptrebellen
sogleich

sogleich enthauptet. Die auf Seite der Bürger dienenden Ritter, die in die Gefangenschaft
geriethen, mußten sich verurphehden, die übrigen
hatten sich geflüchtet. Auch auf bischöflicher
Seite waren verschiedene Ritter und edle Knechte geblieben.

Gerhard erkrankte endlich gefährlich. Daher mußten die Bürger seinem Oberhofmeister
und dem Domkapitel aufs Neue erbhuldigen,
und die Thorschlüssel übergeben, weshalb auch
Gerhard seine Soldleute nach Wirzburg kommen ließ. Die Anzahl der Bürger, die Huldigung leisteten, war 400, welche alle wegen
Alter und Unvermögen nicht mehr in den Krieg
hatten ziehen können.

Die Strafe der Gefangenen, die gegen den
Bischof ihren Herrn sich empört hatten, war
für die Adelichen große Strafe am Vermögen
und schwere Verurphehdung, die Bürgerlichen
aber wurden theils enthauptet, theils ersäuft.
Besonders wurden Hanns Weibler der Stadt-
schultheis, Jacob von Lönen, Seyfried von
Rebstock und Hanns von Erfurt als die
Anstifter geschleift, geviertheilt, und an die Thore
gehangen. Die übrigen erhielten sonst andere
Strafen und Landesverweisung. Dieser Aufruhr dauerte bey drey Jahre. Auch erschien

1527. nach Friesens Aussage zu Wirzburg ein deutsches Gedicht darüber gedruckt... An Schabenersatz musten die Bürger an Stifter und Klöster laut Vertrages vom Jahre 1402, 40000 Pfund Fuldaische Heller erlegen.

Die Universität, die Gerhard 1392 zu Wirzburg errichtet hatte, wozu er auch schon die nöthigen Privilegien erhalten hatte, gieng bey diesen Unruhen wieder ein, indem sich alle Studenten nach Erfurt auf die neuerrichtete Universität begaben.

Frieß sagt noch von Gerhard, er habe als Bischof zu Naumburg ebenfalls so große Unruhen angestiftet, wie im Stifte Wirzburg, und nirgends viel genützt. Ihm folgte

1403

Johann von Eglofsteiu. Gegen ihn ward zugleich vom nämlichen Kapitel Eberhard (Frieß nennt ihn Rudolph) von Wertheim gewählt. Kaiser Ruprecht entschied endlich für Johann von E. — und so wurde denn neuen Irrungen vorgebeugt.

Durch die schlimme Verwaltung des Stiftes hatten die vorigen Bischöffe das Land so in Armuth gebracht, daß Johann nicht einmal seinen gewöhnlichen Einzug in Wirzburg halten konnte. Weil er aber auch die päbstliche Konfirma-

firmation beburfte, und das nöthige Taxgeld,
das er der Kuria zu Rom erlegen mußte, ebenfalls nicht hatte, wandte er sich an seinen Bruder Konrad, den deutschen Ordensmeister, der
ihm 1200 Gulden vorstreckte, mit dem er seine
Gesandten nach Rom schickte, und nach Erlegung der, im Betrachte der jeßigen Armuth des
Stiftes, gemäßigten Taxgebühren, noch so viel
zur Erwerbung seiner Leibesnothdurft vom Pabste erhielt: daß er die Gefälle der Domprobstey,
als Bischof geniessen, aber einen Theil davon
auch dem Pabste zukommen lassen sollte; weshalb er auch jährlich eine beträchtliche Geldsumme nach Rom schicken mußte. Wogegen er einen großen Ablaßbrief (wie Frieß erzählt) erhielt „für diejenige andächtige Leudt, die an St.
Kiliansfest und Iten tag darnach die Domb-
kirchen mit Irem gebet vndt Almusen heimb-
suchten, u. das Heiligthumb daselbst sehen würden.„

Im Jahre 1401 ließ er auf Gutheissen
des Abts von Fulda das Schloß Sotenberg,
als woraus den beyden Stiftern Fuld und
Wirzburg schon so viel Schaden geschehen war,
vom Grund aus zerstören. Zum Schadenersaß
gab er dem Eigenthümer des Schlosses Grafen
Thomas von Rieneck 180 Gulden.

K 5

Gleich

Gleich im Jahre 1402 erschienen verschiedene Gläubiger des Stifts vor Hannsen, und verlangten endliche Bezahlung. Unter diesen waren besonders die Gebrüder Weiher und Ebersberg. Der Bischof schützte die Unmöglichkeit vor, jezt zu bezahlen; aber das war ihnen nicht genug, und sie wollten sich daher mit Gewalt pfänden. Sie thaten hierauf verschiedene Einfälle in die Stiftsorte, überfielen die Dörfer und verbrannten sie, und führten die Inwohner gefänglich hinweg. Johann nahm ihnen dieß sehr übel, und zog daher mit Heereskraft vor ihre Burg und belagerte sie sehr ernstlich. Dieß zwang sie ihren Sinn zu ändern, und in gütige Verträge mit ihm zu treten. Es kam zu einem Vergleiche, und zur Strafe für ihre friedenstörerischen und räuberischen Verbrechen, die sie an des Stiftes Unterthanen begangen hatten, musten sie ihr Schloß dem Stifte zu Lehn geben. 1402 am St. Lorenzentage.

1403 erhielt er vom Pabste Bonifaz IX. die Erlaubniß von allen seinen Unterthanen Geistlichen und Weltlichen, Juden und Christen den zehnten Pfennig ihres Vermögens zu erheben. Die Geistlichkeit sezte sich zwar besonders dagegen, aber ohne Nutzen.

Im

Im nämlichen Jahre 1403 errichtete man auch wegen der unzähligen Straßenräubereien und des so sehr im Schwunge gehenden Faustrechts einen allgemeinen Landfrieden mit andern Ständen des Reichs zu Mergentheim am St. Bartholomäustage. Die Artikel waren folgende: 1) Jeder Herr sollte seine Diener und Unterthanen schützen und hegen, und Klägern gegen dieselben Recht verschaffen, — niemand Schuldenhalber sich pfänden, wenn er nicht zuvor deshalb beym Hauptmann des Landfriedens die nöthige Anzeige gemacht hat. 2) Eßbaare Pfandwaare solle der Pfänder drey Tage und andre vier Wochen verwahren. Kömmt indessen der Gepfändete nicht, es auszulösen, so solle er es dem nächsten Amtmann anzeigen, dann zum theuersten die Pfänder verkaufen, sich bezahlt machen, und das übrige dem Gepfändeten zurükstellen; so er dieß nicht thut, soll er für einen Räuber gehalten werden. 3) Klöster und Pfaffen können nicht gepfändet werden. — 4) Pilger, Walfarter, Kaufleute müssen nebst ihren Habschaften Sicherheit haben; niemand darf dem andern Fehde ankündigen, als wie es vorgeschrieben ist. 5) Niemand soll Knechte und Reisige und Pferde halten, als der vom Adel ist, oder er muß eines Ritters Diener seyn.

6)

6) Jeder Herr muß für seinen Diener, wenn er Schaden thut, stehen. 7) Auf der Reise darf der Hauptmann des Landfriedens nichts vom Felde nehmen. 8) Alle Straſſen und Wege, Klöſter, Kirchen, Pfaffen, geiſtliche Leute, Kaufleute, Kirchhöfe, Pflug, Pferde und Ochſen, Weinberge und Felder müſſen ſicher, frey und unbeſchädigt bleiben, oder der ſich dawider vergeht, iſt ein Räuber, und der Landfrieden ſoll darüber richten und ernſtlich ſtrafen.

Gleich nach beſtättigtem Landfrieden verfielen die Gebrüder von Hutten, die ſchon lange von ihrem Schloße Werberg aus das Amt Arnſtein und Bodenlauben ſehr mit ihren Ueberfällen und Räubereyen geplagt hatten, in die Strafe des gebrochenen Landfriedens. Johann überzog ſie, und ſie muſten ſich zu einem Vergleiche verſtehen, den ſie aber nicht hielten.

1407 ließ er an 5 Orten, zu Wirzburg, Neuſtadt, Geroldshofen, Haßfurth und Volkach neues Geld münzen, nämlich Heller, Schillinger und Thürnes. Letztere waren ſehr feines Silber. Im nämlichen Jahre erlaubte auch Kaiſer Rupprecht dem Biſchoffe eine neue Auflage zu machen, um damit die Stiftsſchulden abzutragen. Drey Jahre lange ſollte er nämlich von iedem Fuder Weines, das ver-

kauft

kauft und verführt würde, 1 Gulden, und für
jedes Malter Getraid einen größen Thürnes erheben dürfen. Nebst dem sollten alle Unterthanen, die weltlichen den 12ten, und die geistlichen
den 10ten Pfennig von ihrem Vermögen geben.
Die Domherren wollten sich besonders nicht
hiezu verstehen, weil, wie sie sagten, sie immer
von allen Abgaben befreyt gewesen wären. Johann wandte sich deshalb an den Pabst Gregorius XII. Dieser gebot den Domherren, die
Steuer zu erlegen, aber sie weigerten sich nicht
allein, es nicht zu thun, sondern sie verboten
auch ihren Vikarien, die Steuer zu erlegen.
Johann, entrüstet über ihren Troz, ließ sie am
Diensttage in der Kreuzwoche 1408, als sie mit
der Prozession giengen, mitten aus der Prozession von gewaffneten Bürgern herausnehmen,
und aufs Schloß in Gefangenschaft setzen. Auch
mußten sie ihm ihre Statuten und Briefe ausliefern. Doch kam es durch Zuthun andrer
Fürsten und Grafen im August des nämlichen
Jahres zum Vergleiche:

Johann setzte den Werth des Pfund Hellers von
2½ Gulden auf 1 Gulden rheinisch herab. 1409.

Er ward als ein sehr weiser Fürst von dem
Kaiser in verschiedenen Gesandschaftsgeschäften
gebraucht. 1411 verpfändete er alles sein Sil-
ber-

bergeschirr, Kleider und Edelgesteine für 3000
Gulden an den Truchseß von Pommersfelden.
Mit 2000 Gulden von diesem Gelde lösete er
den Flecken Lauringen ein, und von den übrigen 1000 Gulden schikte er einen Theil nach
Frankfurt, und mit dem Reste trat er seine Ge-
sandschafts-Reise zu König Sigmunden nach
Ungarn an. — Er errichtete auch die Universität aufs Neue, und der erste Rector der Schule hieß Johann Zaunfurth, Kanonikus im
Neumünster, der 1413 von seinem Knechte erstochen ward.   Aber auch diesesmal hatte die
Schule keine feste Dauer;  denn nach Johannes Tode gieng sie wieder ein, weil die Wenig-
sten Geschmack an den Wissenschaften fanden,
sondern lieber mit den Waffen umgiengen; zumal in solchen rohen und unruhigen Zeiten.

Johann starb endlich zu Vorchheim, und wie
einige glauben, am Gifte; indem ihm die Geistlichkeit zu W. nie gut war, weil er ihr mehr als dem,
ohnehin schon hart genug belegten Bürger, abzu-
fodern schien, die ihn deshalb auch recht sehr schäzten, und so lange er regierte, immer ruhig blieben.

## Ende der ersten Abtheilung.

Zweyte

# Zweyte Abtheilung.

## Vom Jahre 1412 bis 1791.

Nunc iuuat esse trucem et leges discindere ferro,
Iustitia est; potuisse magis.

PALINGEN.

# Zweyte Abtheilung.

## Fünftes Kapitel.
## Vom Jahre 1412 bis 1791.

### Kurze Vorerinnerung.

Es mögte nicht ganz am unrechten Orte steßen, wenn man für den jungen Leser dieser Geschichte eine gedrängte kurze Uebersicht der Geschichte vom zehnten Jahrhunderte an bis ins fünfzehnte vorlegte, und zwar lediglich und ganz eigentlich nur in Hinsicht auf die moralische Denk- und Handlungsart der rohen Menschen, die während dieses Zeitraumes auf der Erde sich herumgetummelt haben.

Wir glauben es anderwärts schon gesagt zu haben, daß selbst die ersten Verkündiger des Christenthums auf deutschem Grund und Boden nicht mehr ganz frey von dem waren, was in dem Geiste aller Völker des siebenten, achten und neunten Jahrhunderts lag. Wir meinen nämlich, daß selbst dieser in aller Rüksicht

so würdigen und verdienstvollen Männer Denkart und Religionsbegriffe schon sehr stark nach
dem allgemeinen Denk- und Handlungsgeiste jener unwissenden und thierisch kriegerischen Zeiten roch und darnach geformt war. Man wende uns nicht ein, wir machten hier Männern
Vorwürfe über Gebrechen und Mängel, die ohne Wunder von ihnen nicht entfernt seyn konnten. — Wir wissen es viel zu gut, daß der h.
Bonifazius, Burkard und andere vermöge aller
Umstände, mit denen ihr Zeitalter umgeben
war, unmöglich von den Gebrechen, die die damals herrschende Denkart mit sich brachte, ganz
frey seyn konnten. Und daß sie wirklich wie
andere ihrer Zeitgenossen auch ihren Antheil davon an sich trugen, beweiset uns die Geschichte
sehr deutlich. Nun sind wir aber gar nicht ge-
meint, sie wegen Mängel zu tadeln, die ihnen
ankleben musten, oder man muste sie in andre
Zeiten und Umstände versetzt haben; sondern
unser Augenmerk über diese Facta geht einzig
dahin, aus diesen unläugbaren Thatsachen einige Folgerungen abzuziehen, und zu zeigen, wie
die Verbreitung der christlichen Religion, nach
der Art, wie sie von den ersten Verkündigern in
Deutschland geprediget und eingeführt ward, der
herrschenden wilden und kriegerischen Denkart

auf

auf einer Seite zwar einigermaſſen Einhalt thut, und vieles Gute erzeugte, auf der andern aber auch den nämlichen rohen und kriegeriſchen Geiſt wieder, und wahrſcheinlich mehr anfachte; und ihm eine Wendung gab, die er nie genommen haben würde, wenn — die erſten Verkündiger des Chriſtenthums ſtrenger und ernſtlicher darauf zu ſehen vermögend geweſen wären, daß die chriſtl. Religionsgebräuche, Lehren und Grundſätze nicht in das ſchon beſtehende Kriegsſyſtem hineingetragen, und damit eingehüllet würden. Um das ausrichten zu können, wäre freylich, wie ſchon geſagt worden iſt, nöthig geweſen, daß die Verkündiger des Chriſtenthums und ihre Nachfolger in den erſten Kirchenämtern ſelber weniger vom Gemeingeiſte ihrer Zeiten und der damals geltenden Denk- und Handlungsart an ſich gehabt hätten. Nun dieß aber alle in allem Betrachte völlig unvernünftige und unmögliche Foderung iſt, ſo müſſen wir denn das annehmen, was wirklich da war, und nur ſo, und nicht anders daſeyn konnte. So nach darf man ſich gar nicht wundern, wenn uns die Geſchichte Dinge erzählt, die uns heut zu Tage wie ganz unbegreiflich vorkommen, z. B. daß Biſchöffe in den Krieg gezogen, und darin umgekommen ſeyen, daß auſſer den Mönchen und



Geiſt

Geiſtlichen niemand des Schreibens kundig geweſen; daß man es für verdienſtlich gehalten habe, Juden und Türken um Chriſti willen zu ermorden, in ein fernes Land zu ziehen, und ſich
daſelbſt um Chriſti willen vom Feinde todſchla-
gen, oder vom Hungertode verderben zu laſſen,
Klöſter zu bauen, und geiſtliche Stiftungen ohne Zahl zu machen. Alles dies ſind als Thatſachen betrachtet nichts als Wirkungen der Religionsbegriffe, die man in jenen Zeiten hatte
und hegte. Und wer hätte ſie eines beſſern belehren ſollen? wer war nicht ſelbſt von allem ſo
und nicht anders unterrichtet? — Der heil.
Bernhard dachte und ſchrieb freylich über manche Gegenſtände ganz anders, als der gröſte
Theil ſeiner Zeitgenoſſen. Er mißbilligte den
unerträglichen Stolz und Herrſchgeiſt der Päbſte, die Zankſucht der Theologen, die Inqui-
ſitionsrache der Dominicaner, die gerade zu ſeiner Zeit ihren Anfang nahm, und die Albigen-
ſer und Waldenſer verfolgte. Eben ſo war er
der Einzige, der an den Judenverfolgungen das
gröſte Misfallen hatte, und doch war nie ein
enthuſiaſtiſcherer Freund der Kreuzzüge geweſen
als er. Selbſt der armſeelige Cucupeter kam
ihm hierin nicht gleich.


Wenn

Wenn also selbst solche Männer, wie Bernhard, sich nie von allem, was andern ihrer Zeitgenossen in so wilden und finstern Zeiten Irriges und Falsches anklebte, und in ihr Religionssystem so unzertrennlich eingeflochten war, ganz lossagen konnten, nie einsehen lernten, daß sie über manche Dinge nicht die beste Einsicht hätten; so darf man doch die Ursache solcher Wirkungen und Thatsachen nirgend anderswo aufsuchen, als in der Form und Verfassung, die das Christenthum schon vom Anfange seiner Entstehung in Deutschland und andern europäischen Ländern erhalten hatte. Man paßte es, um mich kurz darüber auszudrücken, der damals herrschenden wilden und leidenschaftlichen Denkart an, statt, daß man gerade umgekehrt handeln, und die damalige unchristliche Denkart der Christuslehre untergeben, und die Menschen ihr anpassend hätte machen sollen. Ein Aehnliches geschah auch schon zu Constantins Zeiten, und die Wirkungen waren leider! die Nämlichen. So ward die Christusreligion zwar dem Namen nach mit der vorigen Landesreligion verwechselt, und angenommen, aber in der That mußte sie nun die nämlichen Dienste leisten, die die vorherige erlaubte und beförderte. Man nahm also das Christenthum an, und die



Wir=

Wirkung, die dieſer Religionstauſch auf die Intereſſenten hatte, war weiter keine andere, als daß ihre alte Denk- und Handlungsart nur einen andern Namen erhielt, im Grunde aber eben ſo ſträflich, irrig und gottlos blieb, wie zuvor. Oft verlohr man gar bey dieſem Tauſche, zumal im Betreffe der Sittlichkeit.

Wenigſtens ſehen wir nicht, wie ſich bey den Deutſchen nach geſchehener Annahme der chriſtlichen Religion, ſo wie ſie ihnen nämlich beygebracht wurde, die großen Laſter ſehr gemindert, und ihre Wildheit viel abgenommen hätte. Vielmehr liefert uns die Geſchichte Beyſpiele von Thatſachen, die man in der heidniſchen Geſchichte kaum findet. Welche Ungeheuer der Menſchheit waren nicht Pabſt Johann XII. und andere Päbſte im achten, neunten und zehnten Jahrhunderte. Welche Grauſamkeiten begieng nicht Conſtantin an den Seinigen? wie blutgierig waren nicht die Kaiſer im ſechſten und ſiebenten Jahrhunderte? Es waren lauter Chriſten, und vollends wollten ſie große Kenner der Religionswiſſenſchaft ſeyn, wie Heraclius, Juſtinian und die Leonen? — Ferner: iſt es wohl wahrſcheinlich, daß es jemals zu einem ſolchen Narrenſtreiche würde gekommen ſeyn, wie die Kreuzzüge waren, wenn die

die chriſtlichen, freilich ganz irrigen Religionsbe=
griffe nicht geweſen wären? — Hätte wohl je,
ohne ſolche Begriffe von der Macht und Würde
des Pabſtes, Deutſchland durch Unruhen und
Kriege ſo ſehr zerrüttet werden können, als es
im eilften und den folgenden Jahrhunderten
durch das Oberhaupt der chriſtlichen Gemeinde
wirklich mehrmalen geſchah? — Ferner: wie
und woher entſtand das ſo ſchreckliche und ſo
lange dauernde Fauſtrecht? war es keine Fol=
ge der Kreuzzüge, von deren übrigen ſchlimmen
Folgen für die ganze Chriſtenheit ich gar nicht
reden will? — Der Adel war durch jene Heer=
züge nun einmal recht ſehr ans Kriegen und
Herumziehen vor Städten und Schlöſſern ge=
wöhnt worden. Die Kreuzzüge hatten endlich
auch aufgehört, und die Luſt zu ſolchen Unter=
nehmungen war nun einmal ſo tief eingewurzelt,
als daß man ſich ſogleich zu einem andern löb=
lichern Geſchäfte hätte verwenden mögen. Und
wenn das auch der Adel hätte thun ſollen, ſo
war dieß kein andres, als das Fach der Wiſ=
ſenſchaften; und gerade dieſes Geſchäft war
das unleidentlichſte und ekelhafteſte für ihn. Er
blieb alſo bey ſeinem Schwerte und ſeiner Lanze,
das heiſt, er fiel nun dem nächſten beſten Nach=
barn in Hof und Bann, weil er die Gelegen=

heit nicht mehr hatte, dieß an einem fremden
Gutsbesitzer auszuüben. Und wenn er denn
genug geraubt und gemordet hatte, so zog er
sich in ein innerstes Burggemach zurück, mach=
te mit Beystimmung seiner ehelichen Hausfrau
eine Stiftung, baute ein Kloster, verschenkte
seine Güter an arme Heilige ꝛc. als Seelen=
geräthe für seine Sünden, und ließ sich nach
seinem Tode in seine gestiftete Kirche, ja oft
gar in einer Mönchskutte unter die übrigen
Mönche hinbegraben, um in ihrer Nachbar=
schaft etwa desto besser in Friede ruhen zu kön=
nen.

Zu diesem Bilde wird man nun ganz leicht=
lich die übrigen Schattirungen und feinern Züge
voll=ends hinzeichnen können, und diese sind kei=
ne andre, als Unmäßigkeit in allen Leidenschaf=
ten, grausamer Druck des Bauern= Bürger=
und Knechtsstandes. Daher läßt sichs nun
auch enträthseln, wenn man in der Geschichte
liest; daß zumal im 14ten und 15ten Jahr=
hunderte Bürger= und Bauernaufstände so ge=
mein waren. Nimmt man an, daß der Adel
bey Entstehung der Kreuzzüge großentheils seine
Besitzungen verkaufte, oder an Klöster ver=
schenkte ꝛc. — Hiedurch aber die Geistlichkeit
zum Besitze unermeßlicher Reichthümer gelang=
te,

te; sonach der Ritter, wenn er nach geendigtem Heerzuge sich in seiner Hoffnung, in Palästina sich ein Stück Landes zu erobern, betrogen fand, und leer und arm in Deutschland zurückkam, nirgends den Unterhalt fand, den er, und seine Bedürfnisse waren nie klein, brauchte; so war der Bürger und Bauer allemal das Wesen, dessen man sich bediente, dem Ritter wieder aufzuhelfen. Frohndienste und Auflagen waren also ohne Zahl. Hiezu kam noch, daß auch die Landesregenten keine andre Geschöpfe kannten, die sie rupfen und aussaugen konnten, als den nämlichen Bürger- und Bauernstand; denn die reiche Pfaffheit um etwas anzusprechen, war weit unverantwortlicher, als den armen Handwerksmann und Bauer wie das liebe Vieh zu behandeln und ihm auch das lezte Stück Vieh als das Besthaupt vollends zu nehmen. War es also ein Wunder, wenn sich in den Zeiten des vierzehnten und funfzehnten Jahrhunderts so viele Empörungen unter dem Bürger- und Bauernstande äusserten?

Die nächste Folge der fränkischwirzburgischen Geschichte liefert uns noch manches wichtige Beyspiel hierüber. Noch sind von Johann II. an bis gegen die Mitte oder das Ende des 16ten Jahrhunderts die Züge in dem Bil-

 de.

de der Nation kaum merklich verändert. Unwissenheit, Wildheit, Grausamkeit und Mord-
sucht halten noch immer den Lastern der vorhergehenden Jahrhunderte das Gleichgewicht. Erziehung, gute Religionsbegriffe und Sittlichkeit
sind noch immer ausländische Waare, und das
Gute, das hie und da, einzelne Edle und Fürsten, anordneten, ward immer bald wieder vom
großen Strome der Unwissenheit und Ruchlosigkeit niedergerissen und vernichtet.

* * *

Johannes des ersten Nachfolger war
Johann II. von Brunn. *) Die Geschichte meldet: das Kapitel sey lange Zeit un-
einig gewesen, und habe nicht gewußt, welchen
aus ihnen es wählen sollte, weil ein jeder gerne
Bischof hätte seyn wollen. Wir aber glauben
zur Ehre des damals versammelten Kapitels,
mehr

*) Die Schicksale dieses Fürsten haben soviel
ähnliches mit denen des Erzbischofs Diethers von Mainz, daß wir es wohl der Mühe
werth hielten, daß ein Mann, wie der Herr Verf.
der Biographie Diethers, sich der Arbeit un-
terzöge, und seine Geschichte aus guten Quellen
lieferte. Sie würde wenigstens ein schöner
Pendant zu Diethern v. Isenburg seyn.

mehr die Auswahl eines, für die so schlimmen
Zeiten und so traurigen Verhältnisse, worinn
sich das Stift befand, welches von verschiedenen vorhergehenden Bischöffen nach und nach
immer mehr herabgebracht worden war, passen-
den Subjectes, als die eigne Begierde nach einer Würde, die mit so vielem Verdrusse und so
großer Unruhe und Gefahr verknüpft war, haben das Wahlgeschäft so lange hinausgezogen.
Man wollte einen sparsamen, haushälterischen und,
für das Wohl aller gutgesinnten Fürsten wählen. Endlich fiel die Wahl auf Johann von
Brunn einen Elsasser, der zu Wirzburg Domherr und Probst zu St. Stephan zu Bamberg
war. Als ein Ausländer ohne alle Familien-
connexionen, glaubte man, könne er nicht wohl
viel durchbringen. Und, wie Frieß sagt: war
dieser Punct, daß er ein Ausländer war, dem
Kapitel auch deshalb annehmlich, weil man sich,
wenig um seine Befehle zu bekümmern haben
würde, und sohin nach Gefallen leben und handeln könne. — Um sich aber seiner auf alle
Weise zu versichern, muste Johann II. dem
Kapitel nebst dem gewöhnlichen Eide noch einen
besondern schriftlichen Revers geben, des Inhalts: I. wolle er keinen Geistlichen oder Weltlichen an Leib und Gut kränken, schmälern und
herau-

berauben, ohne des Kapitels Gutheiſſung. II.
Keine Stiftsgüter veräuſſern ohne deſſen Willen. III. Nirgends als zu Wirzburg Geld zu
münzen, und dem Kapitel davon einen Theil
geben. IV. und V. Keine neuen Zölle, Zehnten ꝛc. errichten — wie auch keine neuen Auflagen. VI. Bey einer Reiſe auſſer Landes
dem Kapitel die Stiftsverwaltung mit allem zu
übertragen. VII. Den Kauf des Kapitels
wegen Carlſtadt und Karlsburg und die Schen-
kung oder Uebertragung des Zabelſteins an daſſelbe nie zu hindern. VIII. Sich von allen
ſeinen Unterthanen und beſonders in Wirzburg
huldigen zu laſſen. IX. Keine Schultheiſen
und Amtleute in Wirzburg anzunehmen ohne
des Kapitels Gutheiſſung, und daß ſolche auch
dem Kapitel ſchwören ſollten. X. Sich nichts
mehr von der Domprobſtey zuzueignen. XI. Keine Schulden zu machen ohne des Kapitels Wiſſen und Willen. XII. Solle er nach geſchehener biſchöflichen Einrichtung nochmal ſchwören. XIII. Und den Brief, worinn die ſämtli-
chen beſchwornen Artikel enthalten wären, wolle
er mit ſeinem und der vier Städte Wirzburg,
Neuſtadt, Haßfurt und Geroldshofen Inſiegel
bezeichnen. XIV. Wolle er nie um Erledi-
gung von ſeinem Eide beym Pabſte, Kaiſer

ober

ober einem Bischoffe ansuchen. — Geschehen Sonnabend nach Mariaempfängniß 1411.

Das Kapitel, das, wie man sieht, äusserst vorsichtig bey der Annahme dieses neuen Bischoffs zu Werke gieng, sah bald genug ein, daß Johann der Mann nicht war, der sich durch gethanene Eide und Schwüre viel binden ließ. Schon 1412 bedurfte er Geld. Die Geschichte erzählt, er habe erfahren: Hanns von Hirschhorn habe 15000 Gulden niederliegen. Er gieng ihn daher darum an, und Hirschhorn wollte sie ihm zwar gegen 1000 Gulden jährlichen Zins vorstrecken, doch sollte sich nicht allein der Bischof in der Verschreibung unterzeichnen, sondern auch nebst dem Kapitel, noch 5. Städte, die ihm sogar Geisseln zustellen, und für das Geld haften, und ihm mit Hab und Gut dafür stehen sollten. Frieß sezt am Ende noch hinzu: Er habe in der Wirzburgischen Kanzley keine schwerere und härtere Verschreibung eines Schuldbriefes gefunden, wie dieses Johann wollte, wie er vorgab, mit diesem Gelde Kißingen auslösen, weil ihm sonst das Kapitel die Aufnahme desselben nicht zugestanden haben würde. Aber er verschwendete es nach seiner Art; und weil er noch obendrein die Zinnsen nicht richtig bezahlte, gerieth er und

bad

das Stift bald in große Verdrüßlichkeiten mit
Hannsen von Hirschhorn. — Dieß Geld war
indessen bald durchgebracht; und nun brauchte
er abermals desselben; vorstrecken konnte und
wollte ihm niemand welches; er ergriff also
das alte gemeine Mittel, und machte eine neue
Tranksteuer zu derjenigen, die schon auf den
Wein gelegt war. Das Kapitel wollte erst
nicht einwilligen; und weil er nach damaligem
Gebrauche nichts unternehmen konnte, wenn
nicht das ganze Kapitel einstimmte, diese Einrichtung ihm aber künftig noch manche Hinder-
niße in seinen Projecten machen könnte; so wandte er sich an den Pabst Johann XXIII. bey dem
er es bald dahin brachte, daß er eine Bulle ans
Kapitel schickte, des Inhalts: daß künftig allemal die Mehrheit der Stimmen den Ausschlag
in jeder Sache geben sollte.

Das Kapitel betrog sich ferner auch in diesem Puncte mit Johann, daß es glaubte, er
als ein Frembling könne schon wegen Abgang
von Verwandtschaftsconnexionen dem Stifte nicht
viel entziehen, und seinen Freunden zueignen.
Aber Johann belehrte die Domherren auch hier
bald eines andern: Er hatte nebst Katharina
Supanin und seinem Hofnarren Friedlein
noch bey sich seinen Vetter Ottmayer von
Brunn,

Brunn, seine zwey Schwestern, deren eine insgemein Susel genannt wurde, und Raben Hofwarts von Kirchheim Frau war, der sich ebenfalls an seinem Hofe befand, — ferner zwey Muhmen, einen von Mausberg und andre mehr; die alle arm zu ihm kamen; und bald reich und mächtig wurden.

Dieser bemeldte Hofwart v. Kirchheim war sein Hofmeister; die andre Schwester Johanns hieß Liese, und war an Fuchs v. Dornheim vermählt. Frieß meldet noch von einer dritten; Margarethe Caspars v. Stein Gemahlin. Alle diese kamen bald nach Bischof Lambrechts Tod, von Bamberg zu ihm, weil sie dort nach Lambrechts Tode, der Johanns Vetter war, keinen Unterhalt mehr fänden.

Johann erschien auch einmal selbst auf dem Concilium zu Kostanz, wohin er; wie Frieß sagt, „mit 200 Pferden wohl gebutzt und köstlich herausgestrichen kam.„

Die Plackereyen und Strässenräubereyen der Ritter waren zu seiner Zeit noch immer in gröstem Schwunge. 1413 zerstörte er das Schloß Katza, worin vier Ritter von der Keßher ihren Aufenthalt hatten. 1414 kam das Stift mit Kunz v. Seinsheim in Fehde, weil er den Flecken Randersacker angefallen,

und

und gegen den Landfrieden sich hart vergangen
hatte. 1415 fielen die von Thüngen aus
dem Raubneste Reissenberg, fiengen Geistliche
und Weltliche, besonders aber die Inwohner
des Dorfes Netzbach, und schäzten sie. Johann konnte sie erst nach langem Processiren so
weit bringen, daß sie die Gefangenen los liessen, und 200 Gulden Schadenersaz erlegten.
1418 muste Johann gegen das Schloß Gunz-
heim im Gau ziehen, weil von dort aus Georg
v. Seckendorf die Dörfer anfiel, und die Leute
von den Strassen gefänglich wegführte; besonders aber einen Geistlichen einsteckte, um ein
großes Lösegeld von ihm zu erhalten. Johann
nahm ihn in seinem Schlosse gefangen, und sezte
ihn nach Ochsenfurt in Verwahrung, bis die
Sache ausgeglichen wurde. — Eben so fieng
Johann 1418 selbst mit denen von der Tanne
Fehde an, indem er ihnen das als Pfand über-
gebene Schloß und die Stadt Meiningen jählings wegnahm.

Weil er aber immer Mangel am Geld hatte, und auch alle Mittel und Wege ihm nicht
zureichten, sich immer genug Geld zu verschaffen; so suchte er auch andere Mittel hervor.
So bewarb er sich z. B. sehr lang um das Bis-
thum Bamberg, und zu Fuld brachte er es wirklich

lich dahin, daß er Pfleger des Stiftes wurde. Eben so machte er sich 1422 hinter die Juden, die er allesamt im Lande auf einen Tag zusammenfangen und schätzen ließ. Dieß brachte ihm 60000 Gulden ein. Die Juden baten ihn zwar, sie nicht einzufangen, sie wollten ihm freiwillig 60000 Gulden zur Einlösung verschiedener verpfändeter Städte und Schlösser geben; aber Johann konnte diesen Antrag nicht annehmen, weil er das Geld zu etwas anderm bestimmt hatte. — So erlaubte ihm auch Kaiser Sigismund, eine zehnjährige Auflage auf Geistliche und Weltliche zu legen. So lebte Johann beständig fort, und versezte, verkaufte und machte, troz alles Einwendens von Seite des Kapitels, Schulden auf Schulden, fieng Weltliche und Geistliche, und nahm ihnen das Ihrige, bis ihn endlich das Kapitel neuerdings wegen seines verschwenderischen Lebens zu Rede stellte, ihn aufs Neue schwören ließ, daß er künftig besser haushalten, oder, wo nicht, alsobald der Herrschaft über die beyden Aemter Haßfurth und Geroldshofen verlustig seyn sollte. Johann hatte nicht sobald aufs Neue geschworen, als er sich ogleich an den damals zu Mainz sich aufhaltenden päbstlichen Gesandten wandte, ihn zu sich nach Wirzburg bat,

M

hat, und ihm sein Anliegen vorstellte. Der Ge-
sandte, mit dem Johann schon von Rom aus
in guter Bekanntschaft stand, weil er sich lange
daselbst aufgehalten hatte, entledigte ihn sogleich
seines gethanen Schwures, und zitirte die Domherren aufs Schloß, um sie durch Zureden oder
Drohungen auf des Bischoffs Seite zu bringen.
Aber kein einziger erschien, und sie begaben sich
sämtlich nach Ochsenfurth. Daß aber Johann seine Absolution von dem päbstlichen Gesandten nicht umsonst erhielt, kann man sich
wohl vorstellen. Von der Zuverläßigkeit dieses
Umstandes kann man sich aus nachstehendem
Fragmente eines Gedichtes, das ein gewisser
Joh. Simon über Bischoff Johann zu selbi-
ger Zeit verfertigt hat, überzeugen.

„O was großer Schad undt harter Ungnadt
Ist gangen off dem Edlen Stifft,
Sobald der bößen Gallen Gifft
Herfloß auß Leoparten
Wol in den teutschen garten;“

„Undt allermeist in Franckenlandt
Es ist noch heut zu tag schandt
Daß man es also leidten thut
Ich mein' den Mann in rothen Hut,“

Von

„Von Plaßenß päbstlichen Legat
Der teuffel ihn hieher entbat,
Wiewol er war ein Cardinal
So war er doch an Fromkeit schmal,“

„Als der Wahlen Gewohnheit ist
Sie seind fast all von falscher List
Die Vntrew vnd Verretherey
Sie wohnen inen nahent bey.“

„Als nun kam für seine Ohren
Wie Bischoff Johanneß hat geschworen
sagt er, es wehr ihm viel zu schwer
Vnd ging ihm dazu an sein Ehr.“

„Darumb er das nit halten solt,
Nam dafür das Silber vnd Golt
Vnd macht ihn davon lebig
Daß war vnß ein seltzam predig“ 1422.

Johann fuhr also in seiner saubern Lebensart fort. Das Kapitel hoffte indessen immer
auf seine Besserung, und als diese nicht erschien,
und er schon 24000 Gulden Schulden gemacht hatte, ohne das, was er von Gefangenen,
von Juden, Verkäufen u. d. gl. in die Hände
bekommen, und verprasset hatte, so wollte ihm
das Kapitel das alles nebst seinen Eiden noch
einmal vor Augen stellen, und ihn bitten, den

 arm-

armseeligen Zuſtand des Stifts, das er zeither
noch um ein Merkliches mehr herunter gebracht
habe, zu bedenken ꝛc. Das Kapitel ſchrieb ihm
alſo einen Brief, und verband ſich zugleich mit
den Städten, ließ ſich von ihnen huldigen, und
Treue und Beiſtand geloben. 1427.

Johann beſchrieb nun ſeine Gönner und
Freunde, das Stift zu befehden. Wirklich kamen auch 1428 an Lorenzentag eine Anzahl von
8000 Mann zu Pferde und Fuße, darunter
waren der Biſchof von Speyer, der Burggraf
zu Nürnberg, Graf G. v. Henneberg und Graf
Wilh. v. Caſtell. Sie lagerten ſich zwiſchen
W. und Heidingsfeld; zu Kloſter Zell und Himmelspforten lagen der Graf von Hanau, Werth-
heim, Solms, Büdingen und Weinsberg.
Das Kapitel gerieth durch dieſen jähen Ueberfall in Furcht, und ließ bey dem Biſchof auf
dem Schloſſe fragen, was dieſe Haufen vom
Stifte verlangten. Johann antwortete: Es
wären lauter Gläubiger des Stifts, die ſich bezahlt machen wollten, weil ſie ohne Gewalt doch
nicht zu dem Ihrigen kommen könnten. Um
die Sache im Guten zu vermitteln, rieth er ihnen alſo, des andern Morgens etliche vom Kapitel und den Bürgern zu ihm aufs Schloß zu
ſchicken, um ſich mit ihnen über die Sache zu

unter-

unterreden. Es erschien also des andern Morgens Reinhard von Moßbach, Domdechant
nebst 7 Kapitularen und 4 Bürgern, auf dem
Schlosse, die man aber sogleich in Arrest nahm.
Als man sie nun in die Gefängnisse werfen
wollte, trug sich mit dem Domherrn Graf Gün-
ther v. Schwarzburg ein Zufall zu, der wirklich
drollig war. Als man nämlich die Gefangenen
in die Löcher steckte, welches also geschah, man
setzte den Gefangenen auf ein Brett, und ließ
ihn an einem Stricke durch das enge Loch von
oben in den Thurm hinab — so ereignete sich,
daß, als dieser G. von Schwarzburg mit den Beinen ins Loch hineingelassen wurde, er wegen seiner
Körper dicke Festigkeit und alles Arbeitens der
Knechte ungeachtet doch nicht durch die Oefnung
zu bringen war. Als man ihn h erauf wieder her-
ausziehen wollte, gieng es eben so beschwerlich
zu, ihn wieder los zu bringen. Man muste ihn
also anderwärts unterbringen.

Uebrigens ward die ganze Sache doch endlich
ausgeglichen, ohne daß es zu Thätlichkeiten gekommen wäre. Aber das Kapitel war mit der
Behandlung, die es von B. Johann hatte erfahren müssen, sehr unzufrieden, noch mehr aber
mit dem Vergleiche, den es nothgedrungen mit
dem Bischoffe hatte eingehen müssen. Die

 Dom-

Domherren begaben sich daher nach und nach
sämtlich von W. hinweg aufs Land.  Sie errichteten aufs Neue ein Bündniß unter sich.

Johann fand zu dieser Zeit wieder einen
schiklichen Vorwand, Geld aufzutreiben: indem
er gegen die Hussiten mit in den Krieg ziehen
wollte.  Er legte daher neue Steuern auf, verkaufte die Mannslehen,  und befreyte um Geld
Adeliche und Unadaliche. — Das Kapitel hatte sich indessen auch selbst entzweyt,  und ein
Theil sich zum Bischoffe geschlagen.

1432 gieng das  Unwesen aufs Neue an:
das Kapitel und die Bürger schrieben  an auswärtige Fürsten um Hülfe ,  und Johann that
ein gleiches.  Man stritt sich lange mit einander durch die Feder herum; endlich  aber wandte sich die Bürgerschaft,  die im Kriege immer
den Kürzern zog,  an das Concilium zu Basel,
und verklagte den Bischof daselbst,  er führe eine
so schlechte Haushaltung im Stifte ,  daß es,
da es ohnehin schon so sehr verarmt wäre,  durch
ihn während seiner Regierung noch mehr in
Schulden gerathen sey,  weil er mehr verthue,
als nöthig sey,  und das Stift tragen könne.
Weil man aber sah, daß Johann beym Kaiser abermals Schutz gefunden hatte,  so faßte
man den kürzesten Entschluß,  und jagte ihn
zum

zum Stifte hinaus, nachdem man ihn zuvor ge=
fangen genommen und gezwungen hatte, förm=
lich das Bißthum zu resigniren. Die Been=
digung dieses Vertrags ward vom Ritter Rein=
hard v. Sickingen und Sigmund Stroh=
meyer einem Bürger von Nürnberg so ausge=
führt: Johann solle das Bißthum niederle=
gen, und dem Kapitel dasselbe in die Hände lie=
fern. Er jedoch solle Zeitlebens das Schloß
Aschach und Zabelstein besitzen, und 3000
Gulden zum jährlichen Unterhalte haben. —
Ferner sollen alle Gefangene, Privilegien und
Briefe ausgeliefert werden ꝛc. Kitzingen nach
St. Morizenstage 1432.

Des Stifts Regierung übernahmen also 3
Hauptleute, Grafen und Herren, und Albrecht
v. Wertheim ward Pfleger, doch so, daß er,
solange Johann lebe, nicht nach dem Bißthu=
me strebe.

Zu dieser Zeit ward ein Bürger von W.
Bußback geschleift, und geviertheilt, weil er
schon lange her immer heimlich Aufruhr verbrei=
tet, Pasquille ausgestreuet, und Verschwö=
rungsbriefe auf den Straßen mit Fleiß hatte
fallen lassen.

1434 kamen eine Menge Stiftsgläubiger
und verlangten endliche Zahlung. Man mußte

 daher

daher eine Vermögenssteuer errichten, wo die
Geistlichkeit den fünften, die Weltlichen aber den
50sten Pfenning geben musten. Dieß machte
die Gemüther sehr schwürig. Und als noch die
v. Thüngen auch vor dem Stifte erschienen und
bezahlt seyn wollten, aber nichts erhalten konnten, und deshalb 60 Häcker fiengen, und mit
sich wegführten, kam es zum förmlichen Aufruhr. Die Bürger fielen mit blosen Degen ins
Rathhaus und zwangen den Rath, das Kapitel dahin zu bewegen, daß die Gefangenen in
Freiheit kämen, widrigenfalls sie alles als feind-
lich behandeln würden. Hierauf stürmten sie
auch ganz besoffen das Kapitel, und drangen auf die nämliche Loslassung der Häcker.
Das Kapitel erbat sich nur auf solange Verzug,
bis es dem Pfleger Nachricht davon ertheilt
habe. Die Domherren giengen daher zu ihm
aufs Schloß als wollten sie sich deshalb mit
ihm besprechen, kamen aber nicht wieder zurük.
Nun stieg die Wuth der betrogenen Bürger aufs
höchste, und die Geistlichkeit in der Stadt muste alles büssen. Doch wurde endlich die Sache wieder vertragen; hierauf aber wurden von
40 gefangenen Häckern 4 derselben als die Haupt-
schuldigen auf dem Schottenanger enthauptet.

Jo-

Johann, der bey allem diesen Unwesen getreulich mitwirkte, brachte endlich den Pfleger
dahin, daß er vorgab, die Regierung sey ihm
alleine zu beschwerlich, er glaube also, es sey am
besten, sie Johann wieder zu übergeben. Verschiedene Städte, ausser Wirzburg, huldigten also Johann vom Neuem. Und nun theilte
sich das Kapitel in 2 Theile, die es mit Johann
hielten, begaben sich zu ihm nach Ochsenfurth,
woselbst sie alle Domherren, Johannes Gegner, ihrer Pfründen entsetzten und unter diesen
auch den Domdechant v. Moßbach, statt dessen sie Martin von Truchses wählten. Johann hielt nun zu Ochsenfurth Gericht, aber
die Wirzburgischen Bürger und der Rath fiengen alle Geistliche und Weltliche, die jenes Gericht besuchen wollten, schätzten sie, und zerriess-
sen ihnen ihre Briefe vor ihren Augen, und fielen selbst die Nonnen zu St. Afra an, deren
sie mehrere nebst der Aebtissin sehr hart prügelten und verwundeten, weil sie es mit Johann
hielten.

Die Feindseeligkeiten zwischen Johann und
Wirzburg wurden nun immer grösser. Er belagerte die Stadt gleich nach Petri und Pauli, und
nachdem er alles rings umher im Felde verheeret hatte, zog er wieder nach Haßfurth ab. —



Nach

Nach Bartholomäi zogen hierauf die von W. unter Michel von Wertheims Anführung mit 500 Bürgern vor Carlstadt, das es mit Johann hielt, konnten es aber nicht einnehmen. Auf dem Rükwege nach W. beym Zellerstein begegneten ihnen 600 Bischöfliche Reuter, die 184 Bürger fiengen, und solche nach Rezbach, Haßfurth, Carlstadt, Zabelstein und Schwarzach ins Gefängniß lieferten, worinn sie bis Andreastage lagen, und etliche 60 von ihnen elend und armseelig starben.

Gegen Michaelis zog Johann abermal vor Wirzburg, und verbrannte die herumliegenden Mühlen vor der Stadt; hierauf wollte er Ochsenfurth belagern, worin Michael von Wertheim lag, wurde aber mit großem Verluste von den Mauern weggetrieben. Johann zog hierauf vor Carlburg, worin sich der abgesetzte Dombechant aufhielt. Er eroberte das Schloß durch Verrätherey des Schloßvogts, der den Leuten darinn ihren Sold und Unterhalt zurück hielt, und solche zur Uebergabe zwang. — Endlich kam er doch wieder nach Wirzburg, und zwar auf Dringen seiner Gönner; er ließ sich also aufs Neue huldigen, und that dieß auch zu Ochsenfurth und Carlstadt am nämlichen Tage.

1437

1437 verschrieb Johann dem Mezger=
meister Kunz Scheller, dem er 1000 Gulden
für Fleisch schuldig war, den Zoll am Sander=
Thor und Stephansthor so lange, bis die Schuld
abgetragen sey. — So ließ er auch den Dom=
herren Friz Schober und Heinrich Schmal=
kalder, Lizentiaten, aufs Schloß setzen, weil
beyde an den bisherigen Unruhen am meisten
Schuld waren. — Wegen des Stifts Ar=
muth erbat er sich vom Kaiser Sigismund
1440 den Guldenzoll.

Nun brach endlich auch der obenbemeldte
Hanns v. Hirschhorn los. Er hatte bis=
her weder Zinsen noch Kapital erhalten kön=
nen, und hatte sich daher als des ganzen Stifts
Feind erklärt. Lange passete er Johann auf,
bis er ihn endlich auf einer Reise nach Höch=
stadt, mit 200 Reutern fieng, und in sein
Schloß Reicheneck im Eichstädtischen führte.
1439. Daselbst muste Johann, für Zinsen
und andere Unkosten innerhalb zwey Jahren
26000 Gulden zu zahlen, sich und andere Rit=
ter verschreiben. Und doch ließ ihn Hirsch=
horn nicht los, weil er ihm nicht traute. Als
aber Johann endlich sehr kränklich wurde, und
man ihm einen Coadjutor beylegte, entließ er
ihn. Hirschhorn konnte auch bey Johanns
Nach=

Nachfolger noch nicht zu seinem Gelde kommen.

Johann hatte während seiner Regierung über 600000 Gulden Schulden gemacht, eine Summe, die damals unerhört war. Sein Nachfolger war

## 1441.

Sigißmund Marggraf von Meissen, ein Sohn Friedrichs des Streitbaren. Weil man ihm nicht traute, so ordnete man ihm noch sechs Räthe zu Mitregenten zu. Aber alle noch so weisen und klugen Maaßregeln, die das Kapitel nahm, blieben fruchtlos. Sigißmund hausete so übel wie sein Vorfahrer. Er fiel mit seinen Leuten in die Stadt Röttingen, fieng die verrufene Catharina Supanin, und that einen großen Fang an Edelgesteinen und andern Kostbarkeiten bey ihr. Weil er noch zum Ueberflusse den leichtsinnigen Schritt that, und sich statt zu Rom, zu Basel auf dem Concilio confirmiren ließ, so nahm das Kapitel dieß zum Hauptgrunde, ihn zu verwerfen. Er gieng ihnen daher bey Ochsenfurth zu Leibe, und indem er die Stadt erobern wollte, zerrieß beym Einsteigen in die Stadt die Strickleiter. 45 Mann von ihm waren schon innerhalb der Mauern. Diese wurden theils gehangen, theils niedergehergestochen. Unter den leztern war auch der lange Erkinger von Seinsheim, der Amt- mann im Schloße Ochsenfurth war. Man kam hierauf noch mehr in Feindschaft mit einander, und alle Fürsten, die sich als Mittler aufstell- ten, konnten nichts ausrichten. Endlich wollte das Kapitel gar die Verwaltung des Stiftes dem deutschen Orden übergeben, um den ver- haßten Sigismund ganz davon auszuschlies- sen. Aber da trat der wegen seiner Freimüthig- keit und Gelehrtheit damals so berühmte Gre- gorius Heimburg mitten unter sie, verwies ihnen ihre Kleinmüthigkeit, und mißbilligte ganz den bisher unerhörten Schritt, sich und das Stift in fremde Hände zu geben, da es doch bisher gestanden und sonst so berühmt gewesen wäre. Sie hätten unter sich selbst weise Män- ner genug, die dem Verfalle des Stifts entge- gen arbeiten, und solches wieder in seinen vori- gen glücklichen Zustand bringen könnten. ꝛc. — Das Kapitel, bewegt durch diese Worte des deutschen Ehrenmannes, verwarf nun seinen Vor- satz, und suchte nur, Sigismunds los zu werden.

Sigismund aber wirthschaftete immer übel, und that die Geistlichkeit, die ihm entgegen war, in den Bann. Am Ostertage that das

Kapitel das nämliche, und unterstüzte die Geistlichkeit, daß sie sich nicht an des Bischoffs Bänn
kehren sollten, da er ihnen allen als ein eidbrü-
chiger nichts mehr zu befehlen habe, und von
bösen Geistern besessen sey. (?) — Wirklich
ließ er sich auch oft Handlungen beykommen,
die Grausamkeit sehr deutlich verriethen. Z. B.
Es gieng einst ein Canonicus vom Neumünster
mit Namen Magister Johann Adolph durch
seinen Hof. Des Bischoffs Hund fiel ihn an,
und er sah sich genöthigt, sich mit seinem Messer zu vertheidigen, gab auch dem Hunde einen
Stich in den Leib, daß er krepirte. Dieß ver-
droß den Bischoff so sehr, daß er ihm das
Haus ausplündern ließ, indem er ihn darinn
nicht fand, und der Canonicus sich, um seiner
Rache zu entgehen, auf das Schloß geflüchtet
hatte.

Merkwürdig ist auch noch, daß zu dieser
Zeit des Pabsts Eugenius Gesandter nach Wirzburg kam, und bey den Franciscanern gegen
das Concilium zu Basel und den Pabst Felix
predigte. Tags darauf kam des Pabsts Felix
Gesandter, und predigte eben so wider den Eugenius, welcher leztere doch zulezt die Ober-
hand erhielt, und 1443 den Sigismund seines Bisthums entsezte, ihn aber doch zum Ti-
tular-

tularbischoff von Alexandrien machte, das keinen Heller Einkünfte trägt. Sein Nachfolger war

**1443.**

**Gottfried von Limburg.** Er regierte sehr strenge, und nahm dem Markgrafen Achilles, der sich einen Herzog von Franken schrieb, zum Troße, den Titel und das Wappen eines Herzogs von Franken an. — Die Armuth des Stifts war bey seinem Einzug in Wirzburg so groß, daß er weder die Consecrations-kosten, noch die 2300 Gulden für die Confirmation bezahlen konnte. Sein eignes Einkommen belief sich nicht einmal auf zehen Gulden. Deswegen bewilligte man ihm eine Steuer, wodurch er von jedem Feuerheerde einen Gulden, so auch von dem verkauften Weine und von dem, der ausgetrunken ward, wie auch vom Getraide eine gewisse Abgabe erhielt. — 1454 erhenkte sich Anselm von Rosenberg in seinem Schlosse zu Proseltsheim. Gottfried ersuchte den Send um dessen Verlassenschaft, der sie ihm auch zusprach: doch so, daß der Selbstmörder unter der Thürschwelle herausgezogen und verbrannt werden sollte. Aber Kunigunde, des Mörders Tochter, widersezte sich dem Bischoffe, und ihr standen die beyden Brüder,

der, Georg und Arnold von Rosenberg, die des Stifts Feinde waren, bey. Erst 1487 ward die Sache ausgeglichen, und der damalige Bischoff Rudolph muste denen von Rosenberg 6500 Gulden bezahlen. — Gottfried erkrankte zu Bischoffsheim an der Tauber bey einem Tanze, woselbst er sehr lustig gewesen war. Ihm folgte

1455

Johann III. von Grumbach. Er war auch einer der schlimmen Haushalter des Stifts. Er führte lange Zeit mit dem Markgrafen von Brandenburg Krieg, und sie fielen beyde einander in ihre Besitzungen. Das Nämliche thaten auch er und der Bischoff von Bamberg einander. Sie fiengen einander die Unterthanen und das Vieh vom Felde weg. Doch kam es zulezt mit allen diesen Stiftsfeinden zum Vertrage. Merkwürdig ist noch in seiner Lebensgeschichte der bekannte Hanns Haas, der sein gröster Günstling war, und durch seine Rathschläge bey dem Fürsten das Stift sehr ins Unglück brachte. Nach seines Gönners Tode stürzte man ihn über die Mainbrücke in den Main, und ersäufte ihn. Johann III. Nachfolger war

1466

1466

Rudolph von Scherenberg, der lezte seines Geschlechts. Er ist es, der mit männlicher Weisheit und Rechtschaffenheit die Errettung des Stiftes von seinem Verfalle, über sich nahm, und die gröste Last der Schulden, die dasselbe drückten, tilgte. Er und Julius gehören nebst noch einigen unter diejenigen, die sich um des Stifts Erhöhung und seinen Wohlstand das gröste Verdienst erworben haben. Man kann ihn den zweyten Stifter des Bisthums nennen, so viel that er zur Erhaltung des Landes.

Er ritt 1468 zum Kaiser Ferdinand nach Grätz, und empfieng die Regalien des Herzogthums in eigner Person. So bestättigte ihm auch der Kaiser den Guldenzoll für immer. 1470 war während der Herbstzeit der Sommer so heiß, daß man von der Weinlesearbeit am Abend in den Main baden gieng. 1473 fieng er die Brücke in Wirzburg von Steinen zu bauen an.

Zu seiner Zeit (1476) lebte ein Jüngling Hanns Böhme der Paucker vom Taubergrunde genannt, der während seines Herumziehens in den Wirthshäusern, wo er auf seiner Trommel zum Tanze aufspielte, einmal das

N · Mähr

Mährchen erzählen hörte: Vor Zeiten sey einmal ein Franciscaner im Lande gewesen, und habe überall bey seinen Predigten die Brettspiele verbrannt. Hanns faßte sich diese Erzählung zu Gemüthe, und verbrannte zu Nicklashausen, wo er geboren war, unter dem Schlosse Gamberg sein Spielmannsgeräthe, und fieng darauf zu predigen an. Der Inhalt seiner Predigten war: Maria sey ihm erschienen und habe ihm befohlen, seine Paucke, womit er so lange zum sündhaften Tanze aufgespielt habe, zu verbrennen, und durch Predigten die Leute zu ermahnen, daß sie von der üppigen Kleidertracht abstünden, keine spitzigen Schuhe und seidene Kleider und Tücher mehr trügen, nach Nicklashausen wallfarten giengen, woselbst nur alleine Ablaß und Sündenvergebung zu erhalten sey; daß ferner von nun an keine Obrigkeit mehr gelten solle, und jeder des andern Bruder und Schwester sey, daß man nun auch keine Abgaben und Steuern mehr entrichten und alle Waldungen, Flüsse und andere Plätze gemein seyn sollten ꝛc.

Man hielt ihn für einen großen Propheten, und deshalb war sein Zulauf bald so groß geworden, daß er einmal über 40000 Zuhörer um sich her hatte. Selbst aus Schwaben, Baiern

Baiern, und vom Rheine liefen die Leute als
Wallfarter zu ihm nach Nicklashausen. Laut
Nachrichten wurden deswegen schon Verbote
von andern Landesregenten an das Volk gegeben, diese Reisen zum Propheten nach Nicklashausen zu unterlassen. In der Nürnbergischen
Geschichte kommt schon ein solches, gewiß in
diesen Zeiten sehr merkwürdiges, Verbot vor.
Allein das Volk kehrte sich nicht hieran, und
lief ohne Geld und Zehrpfenning seinem neuen
Propheten in der Zottelmütze immer nach. Wo
man hinkam, ward man als Bruder und Schwester empfangen, und mit Unterhalt versehen.
Die Opfergaben aber, die bey dem Propheten
fielen, bestanden in Wachskerzen, Gold, Silber, und Edelgesteinen; dagegen man sich aus
der Zottelmütze des Propheten einige Zotteln
erbat, die man als die theuerste Reliquie mit
nach Hause brachte. Die Weiber schnitten ihre
Zöpfe ab, und opferten sie. Der Predigtstuhl
des h. Jünglings war eine umgestürzte Mist-
kuffe, hinter welcher sich der Pfarrer des Orts
postirte, und dem Propheten, der weder lesen
noch schreiben konnte, einblies, was er reden
sollte. Die Zusammenkünfte geschahen allezeit
an den Sonn- und Feyertagen. Dieß Wesen
trieb unser Prophet von Mitfasten bis Kilian,

an welchem Tage er seine Zuhörer, Weiber und Kinder daheim zu lassen, und auf Margare= thentag bewaffnet wieder zu erscheinen bat, in= dem er ihnen nur drey Worte zu sagen habe.

Nun hielt es Rudolph für nöthig, dem Unwesen ein Ende zu machen. Er hatte zwar vorher schon seinen Unterthanen das Wallfarten nach Nicklashausen untersagt, aber ohne Frucht. Sie zogen nachher häufiger dahin, als zuvor. Rudolph ließ also Freytags vor Margarethen= tag 34 Reuter nach Nicklashausen reiten, die den Propheten aus dem Bette nahmen, und nach Wirzburg brachten. Die Wallfartsleute, deren am Freytage schon bey 4000 angelangt waren, suchten zwar, sich ihres Propheten zu be= mächtigen, und einer derselben warf auch mit einem Steine nach den Reutern, traf aber nur ein Pferd, das er schwer verwundete, und der Jüngling kam wohlbehälten zu Wirzburg an. Sonnabends am Margarethentage war das Wallfartsheer schon 30000 Mann stark; diese zogen hierauf, weil ihnen ein Bauer gesagt hatte, die h. Dreyfaltigkeit sey ihm erschienen, und habe ihm befohlen, den übrigen zu sagen: sie möchten nur mit brennenden weißen Wachsker= zen nach Wirzburg ziehen, sie würden die Thore offen finden, und den h. Jüngling sogleich er= halten,

halten, vor Wirzburg 1600 Mann stark; die
übrigen hatten sich nämlich auf die Nachricht,
Hanns sey gefangen nach Wirzburg gebracht
worden, ruhig wieder nach Hause begeben. Die
Anführer des Haufens waren Graf Cunz und
Michael von Thüngfeld. Diese ließ der Bischoff fragen: was ihr Begehren wäre; sie
antworteten: sie wären da, den h. Jüngling
wieder abzuholen, oder ihn mit Gewalt zu retten; und hierauf begleiteten sie den Abgesand-
ten des Fürsten mit Steinen ins Schloß zurück. Der Fürst ließ hierauf einige Kanonen
auf den Schloßwall vorführen, und dem Haufen abermal sagen: sie sollten sich nach Hause
begeben, sie würden den Gefangenen nie erhalten, sondern man würde ihm sein Recht anthun.
Viele von dem Haufen liessen sich das gesagt
seyn, und begaben sich auf den Heimweg. Der
Bischoff aber, der erfahren hatte, daß sich die
Rädelsführer unter ihnen befänden, ließ ihnen
nachsetzen. Die Bauern widersezten sich, 12
wurden erstochen, und der Bauer, dem die h.
Dreyfaltigkeit erschienen war, und der, welcher
das Pferd des Reuters verwundet hatte, wurden
gefangen genommen, und den 11 Sept. auf
dem Schottenanger enthauptet, der Jüngling
aber verbrannt. Die Leute glaubten immer,

er würde nicht verbrennen, sondern seine Feinde würde die Flamme verzehren. Leider! geschah gerade das Gegentheil, und doch dauerte das Wallen nach Nicklashausen noch über ein halbes Jahr fort, bis es endlich durch wiederholte Verbote eingestellt wurde.

Der würdige Bischof Rudolph, regiert doch dem Kapitel zu lange; es verlangte daher von ihm, als er in seinen alten Tagen sehr kränklich und siech wurde, daß er sich einen Coadjutor wählen sollte. Rudolph bat also auf der Domherren Ansuchen das Kapitel zusammen mit der Aeusserung, er wolle sich unter ihnen einen Mitregenten auswählen. Er gieng mit dem Pirette in der Hand von einem zum andern und that, als betrachtete er ihn. Endlich stellte er sich in die Mitte des Kapitelsaales und redete sich selbst so an: Es ist doch wahr, Rudolph, was die Leute sagen, dein Pirett steht niemand besser an als dir selbst; so behalte es denn noch länger. — Die Domherren verstanden ihn, und ohne seine weitere Erklärung noch abzuwarten, zogen sie ab. Er starb endlich, und hatte allein an Städten, Dörfern und Schlössern 577147 Gulden Auslösegeld ausgegeben, ohne was er noch sonst für andre Gebäude

bäube u. bergl. zum Nußen des Stifts verwen-
bet hatte.   Sein Nachfolger war

1495

**Lorenz von Bibra,** der ebenfalls sehr
väterlich für das Stift sorgte, und sehr rühmlich regierte.   Wegen seiner Weisheit und seines Biedersinnes galt er stets bey dem Kaiser
Max I. und andern Fürsten sehr viel.   Zum
Unglücke für das Stift, dem seine Regierung so
vortheilhaft war, war er immer sehr kränklich;
und sein verdorbenes scorbutisches Geblüt hatte
ihm das eine Auge so sehr verdorben, daß er es
immer mit dem tief in den Kopf gedrückten Pirette bedecken muste.   Wegen seiner Kränklich-
keit erbat er sich endlich 1519 von dem Kapitel den **Conrad v. Thüngen** zum Coadjutor.
Aber das Kapitel schlug es ihm ab, um sich
hiedurch nicht in seinem Wahlrechte beschränken
zu lassen, weil ein Coadjutor allemal nach des
Bischoffs Tode Bischoff würde. — Lorenz
starb den 6 Februar 1519.   Er hatte während seiner Regierung im Lande verschiedene Gebäude und Kellereyen errichtet.   Ihm folgte

1519

**Konrad v. Thüngen.** Das Kapitel
war bey der Wahl getheilt, und ein Theil war
auf Jacob v. Fuchsens Seite, der nach ge-

                         schehe-

schehener Wahl nach Bamberg gieng, seine Pfründe niederlegte, und sich in den weltlichen Stand begab.

Konrad war der erste, der jedem Kapitularen im Domstifte als ein Geschenk 30 Gulden in Schillingern gab, welche Sitte dadurch veranlaßt wurde, daß ein Mainzer Domherr von Truchseß bey dieser Wahl die Worte fallen ließ: zu Mainz sey es gut Bischöffe wählen, weil nach geschehener Wahl jeder Domherr als Kapitular vom Gewählten ein Geschenk erhalte.

Gleich nach dem Antritte seiner Regierung machte er sichs zum Geschäfte, die Sitten der Geistlichkeit zu reformiren, und ihnen in einem öffentlichen lateinischen Befehle allen Umgang mit Weibsleuten, das Volltrinken, Kartenspielen, Besuchen der Spielhäuser und andrer damals üblicher schmuziger Volkslustbarkeiten und Faxen zu untersagen. Endlich solle es sich auch keiner mehr beykommen lassen, seine durch den Beyschlaf erzeugten Kinder zum Ministriren zu gebrauchen, und sie in Kirchen, und Wirthshäuser noch sonst wohin mitzunehmen. — Dieser Befehl ward an alle Kirchenthüren angeheftet 1521.

Daß dieser Befehl wenig fruchtete, läßt sich errathen. Es erschien daher den 27 Junius des

des nämlichen Jahres ein ähnliches Verbot, des Inhalts: innerhalb 12 Tagen alle Weibsleute aus dem Hause zu schaffen, sie nicht in Bestandhäusern zu unterhalten und zu ernähren, bey schwerer Gefängnißstrafe und andern willführlichen Strafen. Indessen waren die Vicarien die ersten, die ihre Mägde entließen; weil ihnen aber niemand in dem Beyspiele nachfolgte, so nahmen sie bald wieder andere zu sich.

Unter denen, die heimlich ihre Weiber oder Concubinen hatten, waren besonders zwey Canonici aus dem Stifte Neumünster mit Namen: Johann Appel von Nürnberg, und Friedrich Fischer von Heidingsfeld, beyde Doctoren und sonst sehr geschickte und gelehrte Männer, die dem Fürsten als Räthe und als Advocaten im Gerichte dienten. Fischer hatte sein Weib von Mainz mit nach Wirzburg gebracht, und Appel hatte eine Nonne aus dem Kloster St. Marks in Wirzburg heimlich geheirathet. Fischer machte diese Verehlichung unter beyden zuerst bekannt. Der Bischoff erfuhr es also, und ließ Appeln wissen, er solle die Nonne wieder ins Kloster zurück schicken, und als er es nicht that, citirte er ihn aufs Schloß zu sich, worauf er nach einem über seine Verehlichung gehaltenen Gespräche die Er-



laubniß

laubniß erhielt, sich deswegen schriftlich zu verantworten. Das geschah. Der Bischoff ließ die Schrift 14 Tage liegen. Endlich den Montag 1523 nach dem Dreyfaltigkeitstage, als sie eben mit den übrigen Räthen Mittags bey Tische saßen, wurden sie hinausgerufen, und von den Stadtknechten gefangen genommen, und auf das Schloß gebracht. Die Herren von Fuchs, Gönner der beyden Doctoren, nahmen sich ihrer an, und zwar Jacob der Jüngere, der eben bey dem nämlichen Vorfalle zugegen war, als die beyden Canonici aufs Schloß geführt wurden, berichtete es den Weibern derselben. Als er sich von ihnen wegbegab, begegnete ihm der Fiscal mit Namen Caspar Pfister, dieser berichtete es sogleich dem Fürsten, und indem man auch die beyden Weiber einziehen wollte, hatten sie sich schon geflüchtet. Jacob Fuchs der ältere, von dem schon oben die Rede war, vertheidigte die beyden Doctoren wegen ihres gethanenen Schrittes, schriftlich, und bat den Bischoff, die Sache derselben glimpflich und gerecht zu behandeln, weil die h. Schrift das eheliche Leben der Priester selbst billige ꝛc. und hierauf begab er sich, nachdem er seine Domherrnprä- bende seinem Bruder resignirt hatte, an die böhmische Gränze, kaufte sich da einen Ritter-

sitz

ſiß Arnſchwang genannt, und heirathete ein
Fräulein von Zindelin, mit der er eine Tochter zeugte, und 1539 ſtarb. Er las alle hohen Feſttage noch ſeine Meſſe.

Die Verwandten des D. Appels wandten
ſich hierauf an das kaiſerl. Reichsgericht, das
eben damals zu Nürnberg war, mit der Bitte, den
Biſchof zu befehlen, die beyden Canonici los zu
geben, und ihnen den Genuß ihrer Pfründe zu
laſſen. Das Reichsgericht ſchikte wirklich einen ſehr ſtrengen Befehl an den Fürſten, mit
der Anweiſung, ſich in ſolchen Fällen künftig genau an die Reichsabſchiede zu halten. Allein
Konrad bekümmerte ſich wenig um dieſen Befehl, und erſt nachdem die Freunde der beyden
Canonici lange genug für ſie gebetten, und endlich nur um ihre Loslaſſung angeſucht hatten,
wurden ſie mit allerley Formalitäten erſt entlaſ-
ſen, und 1523 öffentlich auf dem Conſiſtorium
in ihren Chorkleidern degradirt, ihrer Pfründen
beraubt, und des Landes verwieſen. Die beyden Doctoren bezeigten ſich bey der ganzen Sache ſehr ſtandhaft und muthig. Den 27 Sept.
gieng die Entſetzung förmlich vor ſich. Fi-
ſcher begab ſich hierauf in des Heermeiſters
Dienſte nach Preuſſen, und Appel wurde Rathsherr zu Nürnberg.

Ge-

## Geschichte des Bauernkrieges.
### 1525

Wir kommen nun auf die Geschichte des Bauernkrieges, von dem wir hier einen gedräng-ten Auszug aus Lorenz Friesens besondern Beschreibung dieses Krieges, von dem er mei-stentheils, wie Reinhard sagt, ein Augenzeuge gewesen war, liefern. Er beschrieb diesen Krieg in einem besondern Buche auf 287 Blätter Realpapier.

Der Anfang dieses Krieges ist in dem Wir-tenberger lande, im Allgeu, am Schwarzwal-de und den dortigen Gegenden zu suchen. Da-her wurde auch Konrad schon zu Anfange des 1525 Jahres vom Herzog v. Wirtenberg etli-chemale um 105 Mann Hilfsvölker ersucht, die nach Ulm geliefert werden, und zum Schwä-bischen Bunde stossen sollten. Von dem Vor-haben der schwäbischen Bauern erhielt der Fürst auch durch seinen Rath zu Ulm, Doctor Nik-laus Geist, verschiedenemale in der Fasten Nachricht. In einem dieser Schreiben hieß es unter andern besonders: die Bauern zu Ulm giengen jetzt mit den Pfaffen und Mönchen ge-rade so um, wie die Christen noch vor Kurzem mit den Juden verfahren hätten. „

End-

Endlich erhielt der Fürst aus seinem eigenen Lande 1525 Freytags den 24 März, von dem Amtmann zu Reichelsberg, Georg v. Rosenberg, die traurige Nachricht: die Bauern im Rothenburgischen machten Rotten und liessen sich verlauten: sie wollten allernächst nach Wirzburg kommen, und die Pfaffen wegjagen, und ihre Güter unter sich theilen. Conrad schrieb sogleich an den Pfalzgrafen Ludwig, an den Statthalter zu Mainz und an seine Ritterschaft, und foderte sie zur schleunigen Hülfe auf. Eben so ließ er auch seinen Kellern, Schultheisen, Vögten und Unterthanen zu wissen machen, die Thore und Schranken wohl zu verwahren, und sich wehrhaft zu machen, Mittwochs nach Lätare.

„Indessen kamen abermals Nachrichten von allen Vögten und Amtleuten, daß die Bauern im Lande immer unruhiger würden und sich zusammen rotteten. Konrad hielt also am Sonntage Judica abermal einen Rath, und da rieth ihm ein Theil der Räthe, Schärfe zu gebrauchen, die Leute zu strafen, ihre Güter einzuziehen, und sie mit Weib und Kindern aus dem Lande zu jagen. Die übrigen Räthe aber mißbilligten diesen Vorschlag gänzlich, indem sie baten, Rücksicht auf die jetzigen Zeitumstände zu neh-

nehmen, wo nämlich überall solche Unruhen herrschten, die durch Gewalt und Strafe nur noch mehr befördert werden könnten, ꝛc. daher sollte der Bischof, sonderlich auch als ein Geistlicher Fürst, die schärpfe nicht ansähen, vnd noch ein khleine Zeit zusehen, diese meinung ließ Jme denn der Bischof gefallen, vnd die sachen beruhen." *)

Noch am nämlichen Tage erfuhr Konrad, etliche Bauern aus dem Amte Bütthardt hätten sich schon zu den Rothenburgern, die in der Landwehre standen, geschlagen. Er ließ also seine dortigen Unterthanen sogleich nochmal zur Treue und Achtsamkeit vermahnen. — Nun fielen auch noch die von Markbibart dazu, so auch die Mergentheimer. Nun glaubten sie sich schon stark genug, sie nahmen also ihren Zug in die Gegend von Kloster Scheftersee, das sie sogleich besetzten. Am Mittwoche nach Lätare.

Nun schikte das Kapitel sogleich auch ettliche Domherren nach Ochsenfurth, die bey ihrer Ankunft die Thore schon verschlossen fanden, und auch bis zum andern Morgen nicht hineingelassen wurden. Die Bürger entschuldigten sich zwar, sie hätten nicht gewußt, wer sie wären

*) Reinhard Mspt, so auch Frieß Mspt.

ren, und man würde ihnen diesen Irrthum um so mehr verzeihen, da man jetzt alle Vorsicht nöthig habe, und nicht wohl Freunde von Feinden unterscheiden könne. Die Domherren nahmen ihre Entschuldigungen an, und stellten sich, als wenn sie solche für wahr hielten, eröfneten ihnen aber doch, daß wenn sie etwa einige Klagen vorzubringen hätten, man bereit wäre, sie anzuhören, und abzuthun. Die Bürger kamen hierauf sogleich mit verschiedenen hervorgezogen, welche aber das Kapitel nicht annehmen wollte. Endlich kam es doch zu einem Vertrage, worinn die Ochsenfurther Treue und Gehorsam geloben, und keinen Bauern, oder sonst jemand, der keinen Geleitsbrief vom Kapitel aufzeigen könnte, einzulassen versprechen mußten. —

Der Fürst berief hierauf, Donnerstags, seine ganze Ritterschaft zu sich aufs Schloß, weil man eine solche Zusammenkunft in der Stadt für gefährlich hielt, und ließ sich von ihr getreuen Beystand und Hülfe gegen die Bauern und alle Feinde des Stifts versprechen. Diejenigen vom Adel, die nicht erschienen waren, erhielten zugleich Mahnungsschreiben, an einem bestimmten Tage noch zu erscheinen, indessen aber sich zum Kriege zu rüsten, ꝛc. Konrad

schrieb

schrieb ferner an die Benachbarten und andere
Fürsten um Hülfe, man sagte sie auch einander
zu; aber da jeder derselben seine eigenen Leute
brauchte, indem die Empörung überall herrsch-
te, so muste sich jeder selbst zu helfen suchen.

Als hierauf die Bauern von Scheftersse,
am Donnerstage gegen Markoldsheim aufbrachen, hielt es der Fürst für nöthig, einige
Domherren und Ritter zu ihnen zu schicken,
und sie von ihrem gottlosen und verderblichen
Vorhaben abmahnen zu lassen. Aber die Bauern antworteten: „Sie zwängen niemand, sich
zu ihnen zu schlagen, wer es aber thäte, den
könnten sie nicht wegjagen, und ferner wäre das
ihre Meinung: „was das Evangelium auf-
richt, solt aufgericht seyn, was es niederlegt,
solt niedergelegt seyn, wollten auch der Obrigkeit hinfüro gar nichts mehr geben, so lange bis
die Sachen ihren Ausgang erreichten, mit ver-
nerm Begehren, die verordnete Wirzburgische
vnd von der Ritterschaft sollten des andern Tages am Palmtage wieder khommen; alsdann
wollten sie sich ferner mit ihnen vnterreden.„
Aber die Gesandtschaft, die sich nach Röttlin-
gen und von da nach W. begeben hatte, erschien nicht wieder. Jedoch schikte man den
Bauern einen Brief zu, des Inhalts, von ihrem

rem gottlosen Unternehmen alsobald abzustehen, und niemand zu ihrer Parthey zu zwingen. Hätten sie Klagen vorzubringen, so sey dieß nicht der rechte Weg u. s. w.

Die Bäuern schrieben hierauf ebenfalls an die Viertelmeister zu W. „und begerten von Jnen alß ihren christlichen Brüdern schriftliche antwort vnd ihr gemüth und Hertz zu entdekhen. Datum solches schreiben der Bauern auff dem h. Palmtag. ‟

Frieß bemerkt hier; „wie leiß man bisher (ab Seite des Fürsten) gangen, und daß dieß bey den Bauern nichts anders alß hochmuth vnd verachtung bracht. ‟

Der Fürst erhielt nun auf sein Schreiben an den schwäbischen Bund die Antwort: auf des Bundes Kosten einen Monath lang 300 Pferde anzunehmen. Jndessen aber vermehrte sich das Bauernvolk immer mehr. Den Anfang der Empörung in der Stadt W. zettelte ein liederlicher und boshafter Bürger, im Hauser Viertel wohnhaft, an. Man nannte ihn nur insgemein Link, sonst hieß er Hanß Bernetter. Er zerstreute überall Pasquille und Verschwörungsbriefe aus, fiel mit einigen andern schlechten Burschen den Geistlichen im Stifte Haug in die Häuser, und plünderte sie

                aus

aus; schrieb auch unter dem Namen des Raths
an die Bauern. 1527 verlohr er nach Verdienst den Kopf zu W.

Daß man in W. wirklich schon im Herzen
ganz auf der Seite der aufrührerischen Bauern
war, kann man aus folgendem Zufalle ersehen,
der sich eben in dieser Woche nach dem Palmtage ereignete. Hermann Mord, Domvi-
carius und Pfarrer zu Rothendorf bey W.
gieng eines Tags nach vollendeten Amtsgeschäf-
ten nach Hause. Als er an das Sanderthor
kam, traf er eine Menge Bürger und andere
unruhige Köpfe daselbst an, denen er im Vor-
beygehen zurief: er wolle es noch wohl erleben,
daß ihnen auf dem Markte die Köpfe abgeschla-
gen würden. Diese unbescheidenen Worte nahmen ihm die Bürger so übel auf, daß sie sogleich in alle Viertel liefen, und einen Auflauf
anfiengen, begaben sich hierauf zum Domdechant, und verklagten den Vicarius wegen dieser Worte. Der Dombechant mißbilligte es,
und erlaubte ihnen, zu seiner Strafe ein halb Fuder Wein aus seinem Keller zur Hauben, wo
er wohnte, zu nehmen, und zu vertrinken.
Sogleich zogen sie ihre Harnische an, und zogen
unter Trommel und Pfeifenspiel vor das Haus
des Vicarius, und nahmen ihm statt ein hal-

bes,

bes, neun und ein halbes Fuder Wein ab, den
sie, ohne daß der Eigenthümer sich zu wider-
setzen, oder nur sehen zu lassen getraut hätte, auf
Wagen und in Kübeln wegschafften.

Der Fürst hielt nun abermals Rath, und
man konnte besonders über folgende Punkte nicht
ins Reine kommen, wo man Soldaten herneh-
men, wo man sie hinquartieren, (denn in die
Bürgerhäuser getraute man sie nicht zu thun)
weßen man sich von den Bürgern selbst versehen könne, und wie man die Hauptrebellen in
der Stadt am schiklichsten bey Seite schaffen
solle. ꝛc. Man hielt darauf für gut, den Bürgern, die alle schon von dem Empörungsgeiste
angestekt waren, bekannt zu machen, es würde
bald ein starker Haufe Reüther in die Stadt
kommen. Bernetter der Bildschnitzer, wie Frieß
sagt, machte den Bürgern über diese Nachricht die
Köpfe so warm, daß sie einen Auflauf anfiengen,
niemand in die Stadt zu lassen, schrien, und alle
Gassen, Thore und Wege mit Ketten und Plänken
verlegten, und alle Zugänge mit Wache besetzten.

Der Fürst ließ hierauf den Rath und die
Viertelmeister zu sich kommen, hörte ihre Be-
schwerden an, und befahl ihnen gehorsam zu
seyn, und nicht zu den Bauern über zu gehen,
deren Unwesen einen schlimmen Ausgang neh-

men würde. ꝛc. Der Rath bejahte alles, und
versprach getreulich zu gehorchen, obschon er im
Herzen ganz anders gesinnt war. Indessen ließ
man niemand in die Stadt und aufs Schloß,
theilte das Pfründbrod der Domherren unter
die Wachen aus, und beraubte die übrige Geistlichkeit ihres Weines.

Konrad schrieb nun einen allgemeinen Landtag aus, aber er kam nicht zu Stande. — Am
Charfreytage rükten die Bauern vor Lauda,
wo man sie sogleich einnahm; sie rükten hierauf vor Oberlauda, worin Philipp v. Ried
als Amtmann lag. Er begab sich sogleich mit
den übrigen Rittern und Knechten in einen der
Schloßthürme, um sich von da aus zu wehren.
Die Bauern foderten ihn zur Uebergabe auf, und
als er sich tapfer wehrte, fieng auf einmal der
eine Theil des Schlosses zu brennen an; das
Feuer ergriff endlich auch den Thurm. Die
Balken und Hölzer brannten ab, und alle, die sich
im Thurme befanden, stürzten in die Tiefe hinab. Sonnabends als das Gebälke auf dem
Thurme ganz verbrannt war, riefen die, unten im
Thurme schmachtenden und vom Falle sehr verwundeten Ritter um Gnade. Aber die Bauern
versagten sie ihnen, und nun hohlten sie dieselben
aus dem Thurme heraus, bandey ihnen die Hän-

de

de auf den Rücken, und führten sie nach Stadt-
lauda, wo sie ins Gefängniß geworfen wurden.
Hieben hatten sie auch des Amtmanns schwange-
re Frau nebst ihren Kindern im Schlosse er-
wischt, diese zogen sie bis aufs Hembe aus, und
jagten sie von dannen. Als aber die Gemahlin des Amtmanns ihnen mit Bitten und Fle-
hen nachlief, und bat, ihren Gemahl in Freyheit
zu setzen, kamen sie so gar auf den Entschluß, sie
lebendig zu spiessen. Aber die Ausführung dieses grausamen Vorhabens verhinderte noch ein
Bauernhauptmann. Eben dieser Hauptmann
Konrad von Geyer brachte es dahin, daß
man die Gefangenen auf einen Wagen schafte,
und nach Mergentheim überbrachte. Er that dieß
deswegen, um sie aus den Händen der erboßten
Bauern zu retten, die sie sämtlich spiessen wollten.

Bey Bütthardt kamen die Wirzburgischen
Reutersknechte mit den Bauern von Röttingen
in Streit, und erschossen deren 14. Einen einzigen von den Bauern bekamen sie in die Hände,
der aber keinen Pardon annehmen wollte; denn
die Reuter wollten ihn gerne am Leben erhalten,
um ihn gegen die zu Mergentheim gefangenlie-
genden Ritter auszuwechseln. Weil er aber
darauf bestand, keine Pardon anzunehmen, so
wurde er niedergestochen.

O 3

Wil-

Wilhelm Graf v. Henneberg, auf deſſen Beyſtand der Fürſt am meiſten gerechnet hatte, ſchickte nun den 4 May einen Abſagbrief an denſelben, worin er beklagte, daß er dem Fürſten nicht dienen körne. Er habe ſchon zuvor XII. Puncte der Bauern beſchworen, und habe nun gar keine Leute, womit er zum Fürſten ſtoſſen könne ꝛc. Die Bauern, die um das Wort Gottes Leib und Leben bey Ime laſſen wollten, hießen ihn ihren chriſtlichen Herrn Bruder.

Die Bauernhaufen lagen an 6 Orten im Stifte, nämlich zu Aub, Bildhauſen, Aura, Frauenroda, Hauſen und Heydenfeld. An die von Aura und Aub, ſchrieben die Wirzburger um Geleit, und erhielten es. Sie wandten ſich hierauf an den Fürſten, der, weil ſie vorgaben, mit den Bauern eine Unterredung zu halten, und dieſelben etwa auf andere Gedanken zu bringen, es ihnen ebenfalls zugeſtand.

Am Mondtag nach Quaſimodogeniti eroberten die Bauern das Schloß Reichelsberg, das ſie plünderten und verbrannten. Von da zogen ſie nach Ochſenfurth, wohin ſie ſchon von der Bürgerſchaft eingeladen worden waren. Um die in der daſigen Domprobſtey befindlichen 500 Fuder Wein nebſt vielem Getraide nicht zurük-

zurükzulassen, hielten sie sich 40 Tage daselbst
auf, um alles aufzuzehren. Dieser Haufe vermehrte sich hier bis auf 5000. Sie hielten
es daher für nöthig, sich eine besondere Verfassung zu geben, die in 50 Artickeln bestand.
Ihre Anführer waren: Jacob Köhl aus Eibelstadt, General. — Michel Hastubert, v.
Mergentheim, Lieutenant. — Konrad von
Bayer, aus Oettelfingen, Schultheiß und
Pfenningmeister. — Die Sigille der Bauern
waren folgende: 1) das Rothenburgische, welches einen Thaler groß war, in der Mitte stand
eine Pflugschaar, mit auf beiden Seiten über-
einanderstehendem Treschflegel, und einer Mist-
gabel. Unten ragte ein Bundschuh hervor.
1525.

2) Das Weinsbergische von Höchberg im
St. Burkard hatte statt des Bundschuhes einen
Hammer. 1525.

3) Das Sodenbergische enthielt auf einem
Schilde den Namen Jesus. 1525.

4) Das Bildhäuser war ein Schild und darauf ein Kreuz, und oben in einem Ringe ein
paar Bundschuhe ohne Jahrzahl.

Der Fürst ließ nun mit allem Fleiß das
Schloß befestigen, und mit allem versehen,
um eine Belagerung aushalten zu können. Se-

D 4

bastian

bastian von Rothenhahn, ein sehr gelehrter Mann jener Zeit und eifriger Patriot, nahm sich um dieß Geschäft am meisten an. Ihm hatte man auch am meisten die Erhaltung des Schlosses zu verdanken. Zum Andenken wurde ihm auch nachher ein Monument von Messing in der Schloßkirche errichtet.

Den 27 April nahmen sich die Bürger im Haug und andern Vierteln der Stadt vor, das Kloster Mainbrunn zu plündern. Es kamen deshalb auch 300 an der Zahl auf dem Judenkirchhofe am (Juliusplatze) zusammen, und wollten eben den Zug dahin antretten, als es ihnen vom Bürgermeister und Rath untersagt wurde. Weil auch um diese Zeit Bernettern und Konsorten die Lust ankam, den Klosternkellern und Stiftsböden eine Visite zu geben, auch wirklich schon einige heimgesucht hatten; so machte der Rath und Balthaser Wirzburger ein Wirth zur Schleie, die Verordnung: jedes Viertel solle eine Anzahl bewafneter ins Franciscanerkloster legen, um sich dieser Leute gegen Aufrührer bedienen zu können. Aber die Viertel: Sand, Haug und Blaichach wollten nichts davon wissen. Endlich traten sie doch bey, und genehmigten die Verordnung, und wählten den Wirzburger und Hanns Glunk zu ihren Anführern. Diese verboten sogleich das fernere Einfallen in die Häuser der Geistlichen. Und so lange die Anführer selbst sich enthielten, unterblieben auch die Räubereyen, als aber diese selbst Einfälle in die Häuser unternahmen, jagten die übrigen Bürger die Wachen aus dem Kloster, und machten eine neue Verordnung.

Am nämlichen Tage zog der Häcker Georg Grünnwald mit andern ins Kloster Himmelspforten, und kam mit großer Beute wieder nach W. zurüke. — Die Bauern zu Ochsenfurth brachen nun nach Iphofen auf, daselbst blieben sie zwey Tage, bis sie den Mönchshof und fürstl. Keller ausgeleert hatten. Sonnabends darauf kamen die Bauern am Maine bey Karlstadt ins Kloster Unterzell, und räumten es aus. Sonntags den letzten April schrieben die Bauern, von Iphofen aus, den Landtag ab, bey dem sie wegen vorhabender Geschäfte nicht erscheinen könnten; sie zogen nämlich über Großenlangheim, wo man ihnen in Menge zu trinken gab, nach Schwarzach, plünderten es noch einmal aus, und nachdem sie es angezündet hatten, setzten sie ihren Stab nach Geroldshofen fort, wo sie Dienstags ankamen. Mittwochs frühe verbrannten sie das Schloß

   Stoll-

Stollberg, und Nachmittags das Schloß Bimbach, hierauf zogen sie wieder nach Langenheim zurük, um auch das dasige Schloß vollends zu verheeren.

Als sie noch zu Geroldshofen waren, schikte der Fürst eine Gesandschaft zu ihnen, mit der Bitte: nur solange sich ruhig zu verhalten, bis man dem Bischoff ihr Begehren hinterbracht hätte, allein sie antworteten, dieß könnten sie jetzt unmöglich thun, und sie würden nächstens selbst nach W. kommen, und ihre Geschäfte vorbringen.

Die Hauptleute des Odenwälder Bauernhaufens oder im grünen Baume waren Göz v. Berlichingen mit der eisernen Hand, — Georg Metzler v. Ballenberg, — Jacob Köhl, Florian v. Geyer, die zum schwarzen Haufen gehörten. Der Odenwälder Haufen nannte sich auch der helle Haufen, diesen luden die Wirzburger nach W. ein. Göz v. Berlichingen schrieb auch an den Fürsten, er sey zum Bauernhaufen gezwungen worden. Dieß that er deshalb, um seine Güter, die zum Theile Wirzburgische Lehen waren, nicht zu verlieren. *)

Die

*) Siehe seine Schriften und besonders Göthe's Göz von Berlichingen, Komödie.

Die Bauern zu Geroldshofen schrieben auch an die zu Bildhausen, nach W. zu ziehen, damit sie mit vereinten Kräften etwas rechtes auswirken könnten. — Am nämlichen Mittwochen, an welchem Stollberg verheeret wurde, zogen die Bauern von Geroldshofen auch vor das Schloß Zabelstein, worin Kunz und Hans von Sich lagen, sie musten aber wieder abziehen. Eben so ergieng es ihnen auch vor Waldburg bey Eltmann, worinn Fuchs lag. Sie zogen, wie gesagt, alsdenn nach Großenlangenheim zurük, foderten die von Kitzingen auf, zu ihnen zu stoßen, und begaben sich dann nach Ochsenfurth, wo ihnen die Wirzburger ein Schreiben zuschikten, der Fürst sey in der Nacht mit etlichen beladenen Wagen auser Land geritten, sie sollten sich also nicht säumen, nach W. zu kommen.

Der Fürst ritt wirklich, nachdem er die Bürger von W. nochmal alles Ernstes zur Ruhe und zum Gehorsam recht väterlich ermahnt hatte, nach Heidelberg. An eben dem Tage, als er sich entfernt hatte, schikten die Odenwälder Bauern ihre XII Artikel nach W. aufs Schloß. Wir wollen sie kurz anzeigen. 1) Sie wollten künftig ihren Pfarrer selbst wählen, und dieser solle ihnen nur das Evangelium ohne

allen

allen menschlichen Zusatz predigen. 2) Den Zehend solle man geben, und den Pfarrer davon
erhalten, was aber übrig bleibe, gehöre den
Armen. Der kleine Zehend und der von Menschen und Viehe solle abgethan seyn. 3) Wollten künftig keine Leibeigene mehr seyn, oder
zwar dem Namen nach frey, in der That aber
Sklaven zu seyn, nicht mehr dulten. Als
Christen seyen alle frey, und man könne gar
wohl der Obrigkeit gehorchen, ohne ein Sklav
zu seyn. 4) Der Wild- und Fischfang müsse frey seyn. 5) Bau- und Brennholz müsse
jeder nach Nothdurft unentgeldlich erhalten.
6) Die unmäßigen Bau- und Frohndienste
seyen auch zu mildern. 7) Man sollte dem
Bauer und Unterthan soviel Zeit lassen, auch
für sich etwas zu erwerben und sich zu erhalten,
und man soll ihm auch ein Eigenthum lassen.
8) Die schweren Güldauflagen auf Gütern sollten auch gemäßigt werden, man solle daher eine Güterbesichtigung vornehmen, und solche
taxiren lassen 2c. 9) Auch die Strafen sollten
menschlicher seyn, und weniger das Ansehen von
Rache und Absichten des Verderbens des Schuldigen haben. 10) Die Gemeindegüter sollen auch
wieder erstattet werden, von denen, die solche
an sich gerissen haben. 11) Um der armen
Witt-

Wittwen und Waisen willen, sollten die Sterb=
fallabgaben, als Besthaupt und andere, abge=
schafft werden, 12) Sollte man sie dessen, was
etwa in ihrem Begehren wider das Wort Got=
tes liefe, christlich belehren rc. Gegeben am
Mondtag nach Jubilate.

Sonntags zogen sich die Odenwälder nach
Höchberg, die aus dem Taubergrunde oder der
schwarze Haufe nach Heidingsfeld, und die
von Karlstadt und der dortigen Maingegend
nach Ober= und Unterzell. Die Wirzburger
zogen zu ihnen hinaus, und versahen sie mit
Wein aus den Kellern der Geistlichen. Dienst=
tags kündigten nun auch die Wirzburger in ei=
nem offenen Briefe ihrem Fürsten den Gehor=
sam auf. Das Kapitel suchte nun zwar ver=
schiedenemale einen Vergleich mit ihnen zu er=
richten, allein die Bauern waren im Grunde
nichts weniger Willens als dieß, sich zur Ru=
he zu begeben, und das Rauben zu lassen.

Freytags foderten sie das Schloß auf, sich
zu übergeben. — Nachher, als selbst unter ih=
nen Uneinigkeiten zu entstehen anfiengen, woran
wieder Bernetter und ein Mahler Dietmar
Schuld waren, ließen sie auf dem Markte drey
Galgen errichten, um diejenigen damit zu be=
strafen, die ferner Mäuterey anzuzetteln sich bey=
kommen ließen.                              Die

Diejenigen Haufen, die in W. lagen, hatten sich in die Domherren Höfe einquartirt, und alles, was sie darin an Wein und Brod fanden, sich zugeeignet. Ihr Feldprediger war ein entlaufener Augustinermönch aus dem Kloster zu W. Er hatte erst zu Waldmannshausen Pfarrdienste versehen, und sich verheirathet, auch einige Kinder gezeugt. Man nannte ihn nur den Ambrosius oder Friedrich. Er schlug sich nachher zu den Bauern, und sprach ihnen bey ihrem Auszuge aus W. treflich Muth ein, blieb aber bis nach ihrer Niederlage bey Königshofen in W. Nachher retirirte er sich nach Nordheim am Steigerwalde, versah Pfarrdienste, und ward endlich gar ein Wiedertäufer, und taufte wirklich die Bauern aus dem fliessenden Bache. Nach geendigtem Bauernkriege ließ ihn der Fürst fangen, und zum Scheiterhaufen verdammen. Er verlangte das heil. Abendmahl unter beyden Gestalten, und als man ihm solches abschlug, sprach er gelassen: Es ist um ein wenig Haut und Fleisch zu thun, und ich lasse mein Leben dafür. Er ward dann noch seiner Priesterwürde an der Greden auf einem Gerüste beraubt; und 1528 den 24 April hinaus auf den Sander Wasen geführt. Als er den Scheiterhaufen erblikte, erschrak er,

weil

weil er glaubte, man würde ihn nur enthaupten. Doch stieg er muthig auf denselben hinauf. Der Scharfrichter hieng ihm einen Pul-
versack an den Hals, und nun rief er Gott laut
an: sich seines Weibes und seiner Kinder zu er-
barmen. Während ihn die Flamme bratete,
sang er das alte Kirchenlied: „Nun bitten wir
den heiligen Geist ꝛc. „ — Das Pulver er-
stikte ihn nicht. Der Henker suchte also seine
Märter zu beendigen, und warf eine Menge
Holz ins Feuer, traf ihn aber mit einem Schei-
te an die Stirne, so zwar, daß das helle Blut
herablief. Er wurde endlich zu Asche verbrannt,
und solche in den Main geschüttet. —

So lange er sich zu W. bey den Bauern
aufhielt, predigte er alle Tage früh um 4 Uhr
im Dom über den ersten Psalm Davids, weshalb der Kirchner alle Tage vor 4 Uhr die Geistlichen aufwecken, und in die Predigt zu gehen
auffordern muste. Der Bauernhaufe, der bey
den Franciscanern lag, hatte ebenfalls einen solchen Prediger, der ihnen deutsche Messe las.

Am Mittwochen nach Jubilate wurden alle
Geistliche vor Bürgermeister und Rath in den
Ebracherhof berufen, wo sie die Anweisung erhielten, bey Feuersnöthen an gewissen Orten
der Stadt zu erscheinen, und übrigens der Bürgerschaft

gerſchaft getreu zu ſeyn. ꝛc. Freytags erſchien
Georg v. Wertheim mit noch einigen Rittern von der Bauernparthey vor dem Schloſſe zu
W. und foderte es auf, ſich zu ergeben. — Die
Bauern beſtürmten es indeſſen bald wieder von
dem Gießberg und dem Tell. Aber die Belagerten ſangen das Oſterlied: Erſtanden iſt der
heilig Chriſt, und erhielten von dem Komman-
danten Wein, und waren immer gutes Muthes.

Wie ſie nun ſahen, daß ſie das Schloß
nicht erobern würden, zogen ſie gegen Königshofen, daſelbſt fielen ſie dem ſchwäbiſchen Bunde in die Hände, und es wurden ihrer 4000
erſtochen, und 3000 in einem kleinen Holze gefangen, wobey ſie noch eine Menge Geſchütze
verlohren.

Am Pfingſttage ergab ſich Lauda, wo man
2 Bürger und den Pfarrer Leonhard Veiß
enthauptete. Als die Bauern, die noch zu W.
waren, ihrer Brüder Niederlage bey Königshofen erfuhren, zogen ſie heimlich aus der Stadt,
wurden aber bey Sulzdorf vom Bundesheere
eingeholt, bey 5000 erſchlagen, und 60 gefangen, die auch ſogleich hingerichtet wurden. —
Zu Ingolſtadt wurden ebenfalls 206 erſtochen. Eben ſo ergieng es denen, die ſich nach
Gibelſtadt geflüchtet hatten. Sie wurden
theils

theils niedergemacht, theils in den Häusern verbrannt. Eben daselbst geschah es auch, daß
sich fünf solcher Elenden ins Gesträuche im
Schloßgarten verkrochen hatten. Die Reuter
konnten ihnen nicht beykommen; sie riefen ihnen
also zu, wer unter ihnen den andern erstechen
würde, dem wollten sie das Leben schenken.
Die fünf Bauern fielen also einander an, und
wehrten sich solange, bis nicht mehr als zwey
noch übrig waren, diese geriethen einander in
die Haare, balgten sich mit Fäusten herum, und
fielen endlich alle beyde in den Wassergraben,
und ertranken.

Jacob Köhl der Bauernhauptmann hatte
sich nach der Niederlage bey Ingolstadt nach
Eibelstadt geflüchtet, von wannen er nach W.
in den grünen Baum in Verhaft gebracht
wurde.

Am Dienstag schikten die Bauern einen
Bothen nach Hof vors Schloß mit dem Hus
thé auf einem langen Pfahle, der den Kom-
mandanten ersuchen muste, er wolle bis des andern Tags mit Schiessen einhalten, damit sie ihre vor dem Schlosse getödeten Brüder, die
Bauern, begraben könnten. — Donnerstags nach
Cantate gieng endlich das feste Schloß Zabelstein an die Bauern über. Sie zerstörten es

P

unter

unter Anführung ihres Hauptmanns Hanns
Luft. — Von Rothenburg aus kamen noch
in den Bauernrath Ehrenfried Kumpf, und
Georg Spelt. Ersterer wuste sich bald bey
den Bauern sehr in Ansehen zu setzen, und bestand darauf, daß Schloß bey W. müsse zerstört werden.

Sobald die Bauern hörten, daß der schwä-
bische Bund gegen sie im Anzuge sey, beriefen
sie den Freytag nach Exaudi die gesammte Geistlichkeit der Stadt ins Franciscanerkloster, und
machten ihr bekannt, daß 50 von ihnen sich
bewafnen müsten, um mit ihnen dem Bundesheere entgegen zu ziehen. Aber die Geistlichkeit
verbat sich diesen Dienst und erlegte für jeden
Freywilligen, der statt ihrer streiten wollte, 2
Gulden. Diese 50 Freywillige wurden nach
Ingolstadt bey Ochsenfurth verlegt, und
vom anrükenden Bunde allesamt aufgerieben.

Nun kam die schrekliche Nachricht, der
Bund sey im Anzuge nach W. Die Bauern
verrammelten alle Thore, verbrannten die Wein-
reben vor dem Sanderthore, damit sie der Feind
nicht zu Faschinen gebrauchen könne, und suchten sich durchaus in den Vertheidigungsstand
zu setzen. — Ein Bündischer Herold erschien,
und indessen man ihn vernahm, arbeitete man

immer

immer an den Schanzgräben, und brach Schieß-
scharten in die Gartenmauern am Maine.
Jetzt hatte es die Geistlichkeit zu W. am übel-
sten. Sie mußte alle Arbeiten beym Schanzen ꝛc. mit machen. Am dritten Pfingsttage
schikte man eine Gesandschaft an das Bundes-
heer, um mit demselben zu accordiren, aber man
erhielt nichts weiter: als sich auf Gnade und
Ungnade zu ergeben, welches auch am Mittwochen den 7 Junius geschah. Hierauf mußten
sie alles Geschütz, alle Waffen, Harnische ꝛc.
ausliefern, und zugleich mußten sie schon am
4ten die Thorschlüssel ausliefern. Sodann wurden auf der Domgasse, wo der Rath und die
Bürgerschaft weinend stand, und ihren Tod erwartete, Jacob Köhl nebst noch Vieren, —
auf dem Markte 19 und am Rennwege 36 enthauptet, und die Körper bey Gropshausen ver-
scharret. Nachher wurden noch 13 auf dem
Fischmarkte enthauptet. Ueberhaupt wurden
nur allein durchs Schwert hingerichtet 295.
Geblieben sind bey Königshofen 4000. —
Bey Ingolstadt 5000, im Schloß Ingolstadt
356. — und vor dem Schloße bey Wirzburg
416. folglich in allem 10067 Mann.

Dieß war das Ende von diesem leidigen
Rebellionskriege. Dem Fürsten ward hierauf

P 2

vom

vom Reichstage aus anbefohlen, seine Unterthanen gütig anzuhören, ihren Klagen billig abzuhelfen, und sie als Landeskinder mit Aemtern und Bedienungen zu versorgen. 2c. — Gott bewahre jedes Land vor solchen Auftritten, die nie zum Guten ausschlagen können, wie alle Erfahrung lehrt!

———————

Wir fahren in der Regentenfolge hier fort. Konrads Nachfolger war

1540.

**Konrad IV. von Bibra.** Frieß giebt ihm das Lob eines weisen und friedfertigen Regenten. Sein Nachfolger war

1544

**Melchior v. Zobel.** Er stund dem Stifte lange Zeit sehr wohl vor, und traf verschiedene Einrichtungen. Aber er zog sich während seiner Regierung durch eine Handlung einen Feind auf den Hals, dessen Rache sich nur mit seinem Tode und dem größten Schaden des Landes stillen ließ. Dieser Feind des Fürsten war Wilhelm v. Grumbach, des vorigen Fürsten geheimer Rath und zuletzt dessen Oberhofmeister. Weil er sehr viel bey Konrad v. Bibra gegolten, und durch den Gebrauch,

den

den er von dieses Fürsten Gunst machte, sich manchen zum Feinde gemacht hatte, so mag er auch des jetzigen Fürsten Melchiors v. Zobel Feindschaft sich durch irgend einen Schritt zugezogen haben. Als er daher nach Konrads Tode zum neuen Bischof kam, und ihn als den Testamentar des vorigen Fürsten um die Auszahlung der 8000 Gulden ersuchte, die Konrad der Frau des Grumbachs vermacht haben sollte; so erwiederte der Fürst: er soll ihm eine Rechnung hierüber bringen, wodurch er die Foderung der 8000 Gulden beweisen könnte, wo nicht — so würde er ihm nichts auszahlen. Grumbach beantwortete diese Reden eben so spitzig, und entfernte sich, und schwur in seinem Herzen, sich Genugthuung zu verschaffen. Bald nachher foderte er seine Entlassung, und begab sich in die Dienste des Marggrafen Albrecht v. Brandenburg, den er sich zum grösten Gönner zu machen wuste, und nun sann er auf Mittel, sich an dem Fürsten zu rächen.

Die Gelegenheit hiezu gab der 1546 angefangene Religionskrieg des Schmalkaldischen Bundes. Albrecht v. Brandenburg, ein Mitglied dieses Bundes, hatte es über sich genommen, die sogenannte Pfaffenstrasse mit seinem Heere zu besuchen. Er fiel also in die



deut=

deutſchen Biſthümer ein, und erpreßte mit Feuer und Schwerd viel Geld. Von dem Deutſchherriſchen Lande rükte er vor Nürnberg, das er ſechs Wochen lange beängſtigte, und dem er nebſt vieler Kriegsmunition und Geſchütze 200000 Gulden abnahm. Noch vor Nürnberg kündigte er ſchon den Biſthümern Bamberg und Wirzburg ſeinen Beſuch an. Von Wirzburg foderte er 600000 Gulden nebſt den drey Oberämtern Mainberg, Volkach und Lauda, etliche Kanonen und 200 Centner Pulver nebſt anderer Kriegsmunition, welches man ihm alles vor Nürnberg bringen ſollte, wenn man nicht etwas ärgers erwarten wolle. Dieſe Foderung war dem Stifte unmöglich zu erfüllen. Der Fürſt und das Kapitel wandten ſich daher in dieſer Noth an den ebenfalls ſehr gegen das Stift aufgebrachten v. Grumbach, und brachten ihn endlich durch große Verſprechungen und Geſchenke dahin, ſich bey dem Marggrafen als des Stifts Mittler zu verwenden. Es kam alſo durch ihn zwiſchen dem Marggrafen und dem Stifte zu dieſem Vergleiche: 1) Solle das Stift binnen Monatsfriſt dem Marggrafen 2020000 Gulden auf zwey Ziele zahlen. 2) Solle es 3020000 Gulden marggräflicher Schulden übernehmen und den

Gläubi-

Gläubigern des Marggrafens bezahlen. 3) Solle sich der Bischof ganz des Schuzes über das
Kloster Ebrach entschlagen, und demselben
freye Schuzherrenwahl überlassen. Ferner sollte dem v. Grumbach das Amt Mainberg
übergeben werden, und endlich sollte dem von
Steinruck und Conrad v. Bibra Ersaz gethan werden. Geschehen den 21 May 1552.
Die Summe von X Millionen 80000 Gulden nebst Munition muste nach Nürnberg geliefert werden. Um aber das Geld aufzubrin-
gen, muste man die Kirchengefäße, das Bildniß des H. Kilians und die Kostbarkeiten der
Bürger von Silber und Gold schmelzen. Albrecht hielt sich hierauf einige Zeit bey Aub im
Wirzburgischen auf, bis Grumbach völlig mit
dem Stifte ausgeglichen war. Grumbach aber
erhielt von dem Stifte statt des Amtes Mainberg, das Kloster Maidbrunn samt den Dörfern Sulzwiesen, Erbshausen, Hausen,
Bergtheim, Oberbleichfeld, Kürnach,
nebst den drey Seen bey Kürnach. Außer
dem versprach ihm der Fürst noch den, dem Agnetenkloster (nachherigen Jesuitenkloster) zuständigen Hof: Hilprechtshausen, St. Veit
genannt, zu geben durch einen Tausch. Ferner
erhielt er seine Stifts-Lehnguter frey, nebst der

 Nachlaß-

Nachlaſſung von 7000 Gulden, die er dem Stifte ſchuldig war.

Natürlich hatten die Gewaltthätigkeiten und Drohungen des Markgrafen den Fürſten und das Kapitel ſo nachgiebig gemacht, einen Vertrag einzugehen, der dem Stifte zum gröſten Schaden war. Man kann es ihm alſo um ſo weniger verübeln, wenn er, bey nachher veränderten Umſtänden, einen Vertrag, der dem Stifte ſchon ſo viel gekoſtet hatte, nicht mehr zu halten ſich verpflichtet glaubte. Grumbach, der laut obiger Vertragspunkte mehr als zu wohl entſchädigt worden war, und doch alle ihm in der Verlegenheit des Stiftes zugeſtandene Punkte genau vom Fürſten erfüllt wiſſen wollte, berichtete die Sinnesänderung des Fürſten ſogleich an den Markgrafen, der ſich alsbald zum Kaiſer nach Metz begab und durch eine mündliche Unterredung mit ihm zuwege brachte, daß dem Fürſten der Befehl zugefertigt wurde, den Vertrag pünctlich zu halten.

Von Seite des Stiftes kehrte man ſich nicht hieran, ſondern ſuchte ſich in Vertheidigungsſtand zu ſetzen. Grumbach warb ſich indeſſen ein Heer, mit dem er von Kulmbach aus, und der Markgraf von Heidelberg aus ins Bambergiſche und Wirzburgiſche einfiel, und aufs

grau

grausamste alle Orte brandschazte und plünderte. Deswegen erschien 1553 ein Kammergerichts-befehl an alle deutsche Fürsten und Stände, den beyden Stiftern gegen den Markgrafen zu Hülfe zu kommen. Als dieß Mittel fruchtlos war, ward der Markgraf im nämlichen Jahre, nachdem er schon zwey Jahre lang die beyden Stifter verheert hatte, den 1 Dec. vom Kammergerichte, und den 4 April vom Kaiser als ein Stöhrer des Landfriedens in die Acht erklärt, und allen Fürsten des Reichs die Achtsurtheils-execution zu übernehmen auferlegt.

Der Herzog von Braunschweig erschien als Beystand des Fürsten in Franken, und sie giengen sogleich mit vereinter Macht vor Schweinfurt, worinn eben der Markgraf lag. — Beyde hatten ihr Quartier zu Bergtheim in einem Bauernhause; und als sie eben zu Mittags über Tische saßen, flog von dem Schweinfurter Walle eine Kugel in die Stube, und von da in den Stall, wo sie das beste Reitpferd des Fürsten tödtete. „Der Schuß war gut gemeint‚‚ sagte der Bischof im Aufspringen vom Tische, — „aber morgen wollen wir den Schweinstall (Schweinfurt) sogleich bestürmen.‚‚ —

Herzog. Ich kenne die Lage des Orts nicht, weiß auch weder seine Stärke noch Schwä-



che,

che, wie ich aber höre, hat die Stadt einen Graben, der, wenn wir einen Sturm wagen wollen, vor allen mit Faschinen ausgefüllt werden muß.

**Bischof.** Der Graben ist sehr unbedeutend, und ich werde ihn morgen bald ausgefüllt haben.

Und sogleich des andern Morgens, noch vor Tages Anbruch, befahl er, alle Zaunstöcke um Oberndorf auszureißen, und auf Wagen nach Schweinfurt zu bringen. Ein Bauer von Oberndorf, der dieser Arbeit zusahe, fragte einen Soldaten, was sie damit vorhätten?

**Soldat.** Sie sollen nach Schweinfurt gebracht werden, um den Graben damit auszufüllen und dann darüber Sturm laufen zu können.

**Bauer.** Herr! und wenn ihr auch alle Zaunstöcke auf viele Meilen herum ausreißet, so werdet ihr die Graben um Schweinfurt nicht damit ausfüllen können, denn es hat nebst zwey tiefen Wassergraben noch einen mit Kanonen bepflanzten guten Wall.

Der Herzog lag, während dieses Gespräches des Bauern mit dem Soldaten, gerade am Fenster; er rief also den lezteren zu sich, und fragte ihn wegen der Nachricht, die der Bauer gegeben hatte. Als er nebst vorerzählten Umständen
den

ben noch hörte, daß der Markgraf in Schweinfurt nicht allein ein sehr tapferer Soldat, sondern mit Leuten und mit Geschütze bestens versehen sey, wandte er sich zum Fürsten.

Herzog. Herr Bischoff, ihr mögt mir
ein sehr schlechter Soldat seyn, da ihr diesen
Ort einen Schweinstall nennt; — ich rathe
euch daher, euch nicht länger mit diesem Geschäfte abzugeben. Laßt es also immer andern
über, und bleibt ihr bey eurem Chorrocke, und
andre laßt bey ihrem Schwerde und ihrem Har-
nisch. — Ich ziehe ab.

Er that es auch; und nun sah sich der Fürst
gezwungen das nämliche zu thun. Beym Abzuge
gaben ihm die Feinde noch das Geleite mit Kanonen.

Albrecht verließ endlich, nachdem er die
größten Gewaltthätigkeiten und Grausamkeiten in
Franken und Sachsen verübt hatte, Schweinfurth, ward aber im Junius 1554 bey
Schwarzach vom Bundesheere eingehohlt, und
aufs Haupt geschlagen. Er flüchtete sich mit
wenigen seiner Leute über Kitzingen nach Frankreich, und starb endlich 1557 bey Pforzheim
sehr elend und verkümmert in einer Bauern-
hütte.

Grun-

Grumbach ruhete indeſſen nicht; er ſuchte ſein Heer immer größer zu machen, zugleich faßte er den Entſchluß, ſich fürchterlich am Fürſten ſelbſt zu rächen. 1558. am 15 April führte er ſein Vorhaben aus; die Verabredung hiezu geſchah hauptſächlich zu Koburg, und bey Grumbach in der Roſenau, woſelbſt ſich erſterer mit Jobſt v. Zettwiß und ſeinem Bedienten Krätzer und dem Rittmeiſter Dieterich Picht deshalb berathſchlagte. Die beyden, von Zettwiß und Picht ritten alſo einige Tage vor der Ausführung ihres Vorhabens von Koburg aus, jeder mit 6 Mann nach Schweinfurth, und den 14 kamen ſie mit dem von Frankfurth zurükkommenden Geleite, zu dem ſie ſich anſchloſſen, in die Stadt, und ritten über den Main in das Wirthshaus der Rebſtock genannt; woſelbſt der Anſchlag vollends ins Reine gebracht wurde, nämlich den Fürſten, wenn er von der Kanzley nach Hofe reiten würde, entweder gefangen zu nehmen oder zu erſchieſſen. Für dieſes Geſchäft hatten ſie vom Grumbach 2000 Thaler Belohnung zu erwarten.

Freytags den 15ten ritt der Fürſt nach angehörter Meſſe mit wenigen Begleitern um 7 Uhr vom Schloſſe in die Stadt auf die Kanzley, um die Gerechtigkeitsgeſchäfte vorzunehmen.

Um

Um zehn Uhr ritt er wieder nach Hofe zurük. Sobald die Mörder seine Ankunft erfuhren, setzten sie sich eiligst zu Pferde, und ritten über den Main, und warteten bey dem Wirthshause am Schmelzhof, bis er vor ihnen vorbey reiten würde. Der Fürst ersah sie schon in der Ferne, als er über die Brüke gelangt war, doch so wenig ihm auch diese Reuter ganz unverdächtig schienen, ritt er doch den Weg nach dem Schlosse fort. Als er sie bald erreicht hatte, kam einer derselben vor ihm vorbey geritten, machte ihm seine Verbeugung, und als der Fürst seine Hand aufhub, ihm mit abgezogenem Huthe zu danken, zog der Mörder sein Gewehr unter dem Mantel hervor, setzte es ihm schnell auf die Brust, und unter den Worten: Fürst, du must sterben, schoß er ihn durch das Herz, und das linke Schulterblatt. Hierauf schlug er ihm den Gewehrkolben um das Gesicht, und schrie den andern zu: „Schießt alle todt, laßt ja keinen entwischen. „ — Durch das Hin- und Herrennen der Reuter und das Schlessen mit den Gewehren stürzten viele von den Pferden, und wurden theils zertretten, theils durch Schüsse verwundet oder getödet. Unter diese letztern gehörten des Fürsten Begleiter, Jacob von Fuchs, ein sehr frommer Herr und, fürstl.

fürſtl. Kämmerer, der drey Schüſſe in den Leib
bekam, und nach 4 Stunden, Karl von Wenk-
heim aber, der in die linke Seite geſchoſſen war,
Tags darauf ſtarb. Die übrigen wurden nur
leicht verwundet, und einige entgiengen gänzlich
durch die Flucht der Mordſcene.

Der Fürſt aber ritt tödlich verwundet den
ſteilen ſteinern Steg hinauf, und rief den ihm
entgegen kommenden mit ſchwacher Stimme noch
zu: die Schloßthore zu ſchlieſſen, die Stadt zu
vertheidigen, und die Waffen gegen den Feind
zu ergreifen. Eben ſo rief er einem Fuhrman-
ne, der den Schloßweg herabfuhr, zu, er ſolle
eilen, damit man die Thore ſchließen könne,
und auf der Tell ermahnte er noch etliche Kanz-
leyſchreiber und Bediente, ihn zu rächen. An
der Gegend zwiſchen den Haag und dem Wein-
garten traf der Syndicus Georg von Seinsheim auf ihn; dieſer hielt ihn ſo lang in den
Armen, bis mehrere kamen, und ihn ſterbend
vom Pferde huben. Er hatte ſich ſchon zu ſehr
verblutet. Man legte ihn auf die Erde nieder.
Hier kam eben der berühmte Joh. Sinapius
herzu. Dieſer ſprach ihm noch Troſt zu, und
ermahnte ihn, ſeinen Feinden zu verzeihen. Der
unglückliche Regent konnte nur noch Zeichen geben,
und verſchieb endlich nach erhaltener Abſolution.

Die

Die Mörder aber ritten sogleich nach vollbrachter That mit dem Pferde, das v. Rineck geritten hatte, zum Zellerthore hinaus, und in der Gegend am Berge luden sie ihre Gewehre wieder. Unter Weges hatte Johann v. Zobel das Unglück, denselben noch in die Hände zu gerathen. Sie schossen ihn durch den Nabel, nahmen ihm sein Pferd und nebst einer goldenen Kette noch drey Ringe. Anbey muste er ihnen ein Handgelöbniß thun, sich zu stellen, wann und wo sie ihn fodern würden. Hierauf verließen sie ihn.

So weit trieb der lasterhafte Grumbach seine Rachsucht gegen einen Regenten, der wegen seiner großen Verdienste um die Wissenschaften und das Wohl des Landes ein andres Schicksal verdient hätte. Die Geschichte nennt ihn einen wahren Vater des Vaterlandes, einen thätigen Trost der Armen und der bedrängten Landesunterthanen. Seine Gerechtigkeitsliebe war eben so groß, so daß man ihn mit allem Rechte unter die würdigsten Regenten des Stiftes zählen kann. Sein Nachfolger war

1558

Friedrich v. Wiersberg. Sein erstes war, der Mörder des vorigen Fürsten habhaft zu werden. Christoph Krätzer, des Grumbachs

bachs Zögling und wahrscheinlicher Mörder des
Bischoffs, ward zu Schaumberg in Lothringen
gefangen. Zu Seligenstadt, wo man mit
ihm auf dem Wege nach Wirzburg übernachtete,
fand man ihn am andern Morgen an seinem
Hutbande hinter der Thüre am Kloben erhenkt.
Er ward hierauf verbrennt.

Die übrigen Theilhaber an der Mordthat
wurden sämtlich inquirirt, und alle ihre Aussagen giengen dahin aus: v. Grumbach sey der
Anstifter des Mordes. Man schickte ihm hierauf die Aussagen der Inzichten zu, aber er
läugnete alles, und ehe man sichs versahe, war
er mit 800 Mann Reuter und 500 Fußknech-
ten durch das Bleichacherthor am Main heimlich in die Stadt gekommen. Ein Rathsherr,
mit Namen Andreas Schmidt, der gerade
damals die Wache am Thore zu versehen hatte,
aber zu früh abdankte, ward wegen Verdach-
tes, er habe von dem Ueberfall Kundschaft gehabt, eingezogen. Während des stillen Einrü-
ckens hatten etliche Bürger auf den Strassen
Lärmen gemacht, wovon ihrer XII. nebst einem
Vicarius von Neumünster von den Leuten des
Grumbachs erschossen wurden.

Grumbach stellte die Seinigen sogleich in
die weiten Strassen, und ließ durch einen Trompeter

peter den Bürgern Ruhe gebiethen, und Sicherheit versprechen, weil er es nicht mit ihnen, sondern mit der Geistlichkeit zu thun habe, und
nur das Seinige begehre. Vom Schlosse aus
konnte man ihm wegen eines starken Nebels
nichts anhaben. Dieß alles geschah den 4ten
October.

Er berief sogleich auch den ältern Bürgermeister Caspar Eck zu sich hinter dem Dom in
sein Quartier, das er in der Domprobstey genommen hatte. Er erschien, und traf ihn mit
zwey Fahnenreutern an. Grumbach behelligte
ihn mit seinem Vorhaben, das darinn bestand:
weil man ihm schon in das eilfte Jahr seine
Güter vorenthalten habe, so habe er sich gezwungen gesehen, Gewalt zu gebrauchen, und
nun foderte er auf der Stelle, 1) daß man ihm
aussage, wie stark die Schloßbesatzung sey.
2) Ihm alles Gewehr und Kriegsgeräthe hin-
term Dom liefere, und 3) schwöre, nichts feind-
seliges gegen ihn anzufangen. Wenn dieß nicht
alsobald geschehe, so werde er keinen Menschen
in der Stadt leben lassen ꝛc. Eck machte hierauf, besonders wegen des verlangten Huldigens
und des Gelöbens Einwendungen, Grumbach
aber wieß ihm zur deutlichen Antwort seine,
schon zum Mord und Plündern bereitstehenden
Q                               Leute,

leute, worauf Eck bat, ihm nur soviel Zeit zu
laſſen, daß er es dem Kapitel hinterbringen könnte, was ſein Begehren ſey.     Er wurde hierauf
von Grumbachs leuten, nämlich vom Ernſt v.
Mandelslohe, Wilhelm v. Stein,  Jobſt
v. Zettwitz,  Dietrich Picht, und andern
Grumbachiſchen Anhängern  zu Andres  v.
Thüngen,  zu dem noch  der Kapitular Sigmund v. Picht berufen wurde, geführt.

     Grumbach erſchien nachher ſelbſt bey dem
Kapitular von Thüngen,  wo der Rath der
Stadt und andere  mehr ſchon verſammelt waren.   Er legte ſeine Foderung wegen des Ange-
lobens, Auslieferns der Thorſchlüſſel ꝛc. abermal alles Ernſtes vor.     Man bat ihn wieder-
holt nur um ſolange Zeitfriſt, bis man es aufs
Schloß berichtet habe,  aber er beſtand unter
den ſchreklichſten Drohungen auf der augenblik-
chen Erfüllung ſeines Willens.   Man hatte kein
andres Mittel, und muſte alle ſeine Foderungen erfüllen.

     Indeſſen flüchtete ſich der Fürſt mit neun
Pferden nach Mergentheim. — Grumbachs
Foderungen giengen nun noch weiter,  er ver-
langte 1) Erſatz ſeiner Güter. 2) Erſatz jener
Güter, wie das Amt Mainberg ꝛc. 3) Den
Erſatz der aus ſeinen Wäldern abgehauenen Bau-
hölzer

hölzer zu Roßberg. 4) Den Erſatz aller ſeiner
Gebäude und Wohnungen, die ihm, während
ſeines Dienſtes am Marggräflichen Hofe, zerſtört und geplündert worden ſeyen. Alles dieſes ſollte ihm in Gelde erſetzt werden. Ferner
ſolle dem Ernſt v. Mandelslohe zum Erſatz des
Schadens (man hätte ihm nämlich wegen ſeines Anhanges an dem Grumbach ſeine Güter
ausgeraubt und zerſtört) 6000 Rthlr. auf der
Leipziger Oſtermeſſe gegeben werden. Dem
Wilh. von Stein auf Peterſtuhlfeyer 5000,
(im Jahre 1564) und noch 5000 das Jahr
hernach. Jetzt aber ſollen ihm und Grumbach und Mandelslohe zur Erhaltung ihres
Heeres von 25000 Rthlrn, ſogleich 16000
und auf Petersſtuhlfeyer wieder ſoviel, und
übers Jahr die übrigen 5000 gezahlt werden.
Geſchehen d. 7 October 1563.

Durch die Bewilligung dieſer Punkte war
endlich Grumbach zufrieden geſtellt worden. Er
zog alſo mit ſeinem Heere ſogleich ab. Der
Fürſt kehrte hierauf auch ins Land zurück, und
nachdem er lange beym deutſchen Ordensmeiſter
und andern Fürſten um Hülfe gegen den Grumbach vergeblich angeſteht hatte; beſtättigte er
zwar den Vertrag, den das Kapitel mit dem
Grumbach eingegangen hatte; aber er wandte



ſich)

sich sogleich an das kaiserl. Kammergericht, wo er es bald so weit brachte, daß der ganze Vertrag umgestoßen, und Grumbach noch obendrein in die Acht, und bald darauf in die Aberacht erklärt wurde. Grumbach flüchtete sich in dieser Noth zu Johann Friedrich, Herzog von Sachsengotha, den er endlich mit sich unglücklich machte. Dieser gab ihm und seinem ganzen Anhange Schutz und Unterhalt. Indessen aber sann Grumbach auf die Ausführung eines Anschlages, der die traurigsten Folgen nach sich gezogen haben würde, wenn er ihn in Erfüllung zu bringen gewußt hätte. An seinem bösen Willen fehlte es wenigstens nicht. Es war kein anderer, als den gesammten deutschen Adel in Freiheit zu setzen, sie den Landesfürsten zu entziehen, und unmittelbar dem Kaiser zu unterwerfen. Als ein schlauer und durchtriebener Kopf wußte er dieß Vorhaben wenigstens dem Herzoge so schön vorzumahlen, daß dieser sich über alles wegsetzte, ihn in Schutz nahm, und noch obendrein in seinen Anschlag mitzuwirken alle Hände bot; weil ihm Grumbach beygebracht hatte: diese Veränderung des Zustandes des deutschen Adels würde ihm in Kurzem wieder die sächsische Kurwürde, und endlich gar die Kaiserkrone in die Hände spielen. Des Herzogs Kanzler, D. Chri-

Chriſtian Bruck, der nebſt andern von Grumbach in ſein Vorhaben gezogen war, half treulich zu dieſer Intrigue.

Man erſieht aus allem, daß der Herzog ein
leichtgläubiger und ehrgeiziger Fürſt ſeyn muſte,
wenn er ſolchen Windmachereyen des Grumbachs Glauben beymeſſen konnte. Es mag auch
dieß noch wahr ſeyn, daß ihm Grumbach mit
ſeinen Taſchenſpielerkünſten und Betrügereyen, die
damals Hexereyen hieſſen und ſtark geglaubt wurden, und daher auch eben ſo ſtark in Uebung waren,
den Kopf noch mehr verwirrte. Hänſel Schönborn von Hundshauſen, ſo bekannte Grumbach auf der Folter ein, habe ihm die Hexen-
künſte gelehrt, und durch ſolche habe er dem
Herzog weis gemacht, er werde einſt noch Kurfürſt; die Königin Eliſabeth von England,
welche bey dem Betruge eine ſchlechte Vettel
vorſtellen muſte, die Grumbach aus England
herüber gezaubert zu haben vorgab, werde ſeine Gemahlin werden. Der getäuſchte Herzog
glaubte das alles ſo feſt, daß er ſchon Willens
war, ſeine Gemahlin zu verſtoſſen, und ſich mit
der geglaubten Königin zu vermählen.

Indeſſen fehlte es nicht an Leuten, die ihn
vor Grumbachs Betrügereyen und ſeinem Um-
gange warnten. Der Kaiſer, der Kurfürſt von



Sach-

Sachsen, nebst andern Fürsten mehr, besonders noch, sein Rath Husang zu Augsburg und sein anderer Rath von Obernitz baten ihn um alles, sich nicht länger vom Grumbach täuschen zu lassen. Aber umsonst.

1566 kam sogar der Herzog in die Reichsacht, und August, Kurfürst von Sachsen, erhielt ernstlichen Befehl, die Achtserecution zu übernehmen; denn Grumbach suchte seinen Anschlag mit dem deutschen Adel alles Ernstes ausführbar zu machen, und sprach schon lange auch vom Kaiser sehr ungeziemend. Zugleich ließ er die gothaische Festung Grimmenstein bestens befestigen und mit aller Nothdurft versehen, um eine förmliche Belagerung aushalten zu können. Allein August von Sachsen sammelte in größter Eile ein Heer. In Kurzem trafen auch andre sächsische und fränkische Truppen bey ihm ein, so daß er bald ein Heer von 48 — und endlich von 55000 Mann vor Gotha liegen hatte. Während der Belagerung fieng man einen Brief vom Mandelslohe auf, der, obwohl er mit Ziffern geschrieben war, doch so viel verrieth, daß man 4000 Stücke Goldmünzen geprägt habe, worauf schon die beyden Kurschwerter nebst dem Kurfürstl. Titel befindlich waren.

Nach

Nachdem die Belagerung von Gotha von Weihnachten bis Ostern gedauert hatte, kamen die Bürger der Stadt zum Kanzler Bruck und baten ihn, den Herzog zu einer Kapitulation mit dem Belagerungsheere zu vermögen; allein Bruck wieß sie ab, mit der Aeusserung: Sie sollten noch eine Weile warten, die Birne sey noch nicht zeitig; sie blühe erst u. s. w. — Die Bürger hielten aber so lange mit ihren Bitten bey dem Herzoge an, bis er den Befehl gab, ihm nochmal zu huldigen. Und nun brach eine völlige Empörung aus. Sie stürmten das Schloß, fiengen vor allen den Obersten von Brandenstein, den Kanzler, den von Stein, den verdorbenen Augsburgischen Kaufmann Baumgärtner und den Wilhelm v. Grumbach, den sie, weil er vor Alter und podagraischen Schmerzen nicht mehr gehen konnte, auf vier Flinten setzten, und unter dem Gesange:

Hier bringen wir die Braut,

Um die bisher getanzt ist worden ꝛc.

nahmen sie ihn auf die Schultern, und trugen ihn aufs Rathhaus. — Nun erst wollte der Herzog kapituliren. Aber man gestattete ihm keine andre Accordpuncte, als 1) sich und die Festung dem Kaiser zu übergeben. 2) Die Geächteten dem Kurfürsten, — und 3) sollten

 die

die Bürger zu Gotha seinem Bruder Johann Wilhelm huldigen. Der Kurfürst zog hierauf in Gotha ein, und fand eine Menge Munition, Kriegsgeräthe und Proviant. Bey der ganzen Belagerung waren nur 8 Mann geblieben. Der Einzug geschah den 14 April. Die Festung Grimmenstein wurde geschleift, welches allein etliche 704675 Gulden kostete. — Der Herzog ward in einem schwarzen Wagen und mit einem Strohhute auf dem Kopfe, nach Wien gebracht, von wo aus er nach Neustadt ins Gefängniß kam, wo er 28 Jahre saß.

Grumbach aber erhielt 1567 nebst andern Konsorten sein Urthel zu Gotha. Bruck wurde lebendig geviertheilt. Als sich ihm der Henker mit dem Messer näherte, lächelte Grumbach und sprach: du schindest nur einen alten dürren Geyer. Worauf ihm der Henker das Herz aus dem Leibe rieß ꝛc. Die übrigen wurden theils enthauptet, theils gehängt.

Der Fürst Friedrich zu Wirzburg starb endlich auch. Hinter seinem Bilde auf dem Leichensteine steht Grumbach schalkhaft lächelnd mit der Haut über dem Arme. — Friedrich war ein sehr frommer Regent. Er liebte die Gelehrten und errichtete aufs Neue ein Gymnasium zu Wirzburg. Er predigte auch

oft

ost und verfolgte die Lutheraner sehr, ohne etwas auszurichten. Durch ihn kamen 1567 die Jesuiten nach Wirzburg, denen er das Agnetenkloster einräumte, und die Schulen anvertraute.

## Sechstes Kapitel.

Friedrichs Nachfolger war 1573 Julius Echter v. Mespelbrunn. Dieß ist der Mann, dem unser geliebtes Vaterland so viel es verdanken hat. Die erhabensten Denkmale seiner Vatersorge für alles, was das geistliche und irdische Wohl seiner Unterthanen anlangt, bestehen grösstentheils annoch. Die Menge von Schulen, Kirchen und das so wöciliq und gut eingerichtete Spital zu Wirzburg, das von ihm den Namen führt, bezeugen uns laut seine Verdienste um uns und die noch folgende Nachwelt.

1576 legte er den Grund zu dem bemeldten Spitale auf dem sogenannten Judengarten, welchen Platz die Juden dem Bischof Gottfried v. Limburg um 300 Goldgulden abgekauft und daselbst eine Synagoge nebst Tauchen 2c. errichtet hatten. Trotz aller noch so harten und unchristlichen Verfolgungen hatten sie sich bis zu Friedrich v. Wiersberg im

Besitze desselben erhalten. Doch hatte benannter Friedrich schon vom Kaiser ein Privilegium erhalten, die Juden aus der Stadt zu jagen, wenn er wolle. Julius, sein Nachfolger, fand diesen offenen Platz am schicklichsten zu einem Spitale, und er fieng also, obschon ihn die Juden deshalb beym Kaiser verklagten, den Bau ruhig an, ohne sich durch ihre Einwendungen irre machen zu lassen. 1586 den 10 Julius weihte er die Kirche und das Spital ein, und widmete es dem heil. Kilian. Sein ferneres Augenmerk heftete er auf die Ausrottung des Lutherthums. Er reiste deshalb überall im Lande herum, und bat seine Unterthanen mit Thränen zurükzugehen. Deshalb jagte er 120 lutherisch gewordene, Pfarrer aus dem Land. 1587 visitirte er auch die Stadt W. selbst. Die halbe Stadt hatte sich schon zum Protestantismus bekannt. Einige kehrten wieder zurük, und die andern verliessen das Land.

1591 erbaute er das Jesuiterkollegium, und im Sept. weihte er die Universitätskirche den 12 Aposteln gewidmet ein. Das Kollegium für Adeliche Zöglinge aber widmete er dem h. Kilian. — Eben so verschönerte und erneuerte er auch das Schloß. 1604. — 1606 errichtete er das Zeughaus und die Gieserey auf dem

Schot-

Schottenanger. 1607 ließ das Kapitel die Domkirche wölben, und die erste Orgel hineinsetzen. 1611 erbaute er das Franciscanerkloster nebst der Kirche, so auch das alte Nonnenkloster (vielleicht das Ursulinerkloster). 1615 erbaute er den Karmeliten ihr Kloster ganz neu. 1616 kamen auch die Kapuziner nach W. denen die Frau Echterin ihre Wohnungen zum Kloster schenkte. 1617 errichtete er den Springbrunnen im Spital, ließ auch alle Feuerschlösser an den Gewehren wegschaffen, und die Lundenschlösser wieder einführen, und befahl wieder Harnische zu tragen, und das ganze Land zu bewafnen.

Endlich starb er zum größten Leidwesen aller Unterthanen an einer Magenverkältung, die er sich durch den Genuß einiger Melonen zugezogen hatte. Er hatte, für eingelößte und neugekaufte Güter ans Stift und für abgetragene Schulden 1881072 Gulden ꝛc. ausgegeben. Er hatte sogar das Erzbißthum Mainz ausgeschlagen, um seinem Bißthume desto besser vorstehen zu können. Ihm folgte

1617.

**Johann Gottfried von Aschhausen.** Er war zugleich Bischof zu Bamberg, und endlich auch Kardinal. — Die Geschichte erzählt

zählt ein sehr schönes Beyspiel von seiner Liebe
zur Keuschheit und Reinigkeit in den Sitten.
Er hatte diese herrlichen Grundsätze seiner edlen
Frau Mutter zu verdanken. Als Jüngling
wollten ihn einst die Damen zum Scherze wegen seiner Keuschheit versuchen. Er ward daher einmal zu einem Soupee geladen, wobey
meist Damen erschienen. Schon bey der Tafel
nekte ihn das Frauenzimmer mit allerley Scherz-
reden. Aber als er endlich gegen neun Uhr
mit seinem Hofmeister sich nach Hause begeben
wollte, bat seine Tante den Hofmeister, den
Herrn Vetter noch ein wenig bey ihr zu lassen,
sie habe noch etwas mit ihm zu sprechen: Sie
wolle ihn nachher durch einen ihrer eigenen Bedienten nach Hause begleiten lassen. Als sich
der Hofmeister entfernt hatte, unterhielten ihn
die Damen noch einige Zeit mit ihrem Scherz,
aber er wuste sich immer noch im Zaume zu
halten. Endlich gegen 12 Uhr sprach seine
Base zu ihm: es sey nun zu späte, nach Hause
zu gehen, er würde also bey ihr zu übernachten
genöthigt seyn. Der edle Jüngling, der nichts
böses muthmaßte, und wirklich heute nicht das
erstemal in diesem Hause schlief, empfahl sich also der Gesellschaft, um sich zu Bette zu begeben. Kaum war er eingeschlaffen, so überfiel
ihn

ihn die Tante, nebſt den übrigen Frauenzim-
mern, und ſuchten ihn zu verführen. Aber er
entrieß ſich aus ihren Händen, ſprang zum Fen-
ſter hinaus, und rennte nach Hauſe. Als er
nachher Biſchof geworden war, ließ er ſie vors
Hexengericht citiren, und in der Stille aus der
Welt ſchaffen. Es hieß, ſie ſeyen auf ihren
Landgütern geſtorben. Er litt nie ein unehrba-
res Frauenzimmer um ſich. Sogar ſeine
Schweſter wollte er nicht um ſich haben.

Wegen ſeiner ſo erhabenen Tugend der
Keuſchheit, ſtund er auch bey iedermann in
gröſter Achtung. Als er einſt mit einem Proteſtan-
tiſchen Fürſten über die Keuſchheit zu reden
kam, und iener behauptete, es ſey nicht möglich, immer enthaltſam und keuſch zu leben;
ſo antwortete er: Ich bin nie gewohnt zu ſchwören, aber Gott iſt mein Zeuge, durch ſeine
Gnade habe ich immer die Keuſchheit bewahrt,
und kein Frauenzimmer berührt. Der Fürſt
wurde hiedurch ſo voll Hochachtung gegen den
Biſchof, daß er ihm mit dieſen Worten die
Hand küßte: dieſe Hände ſind würdig, den Got-
tesdienſt zu verrichten. 1618 erbaute er ein
Gefängniß für die Hexen von 8 Gewölben
und 2 Stuben, zunächſt an der Kanzley, damit
man die Unglüklichen nicht über die offene Straſ-
ſe

se führen müsse. Man verzeihe diese Flecken in dem Bilde eines Mannes, wie Friedrich Philipp Adolph und Julius waren, um des Zeitalters willen, in dem sie lebten. Indessen ist es immer traurig und beschämend für den Freund der guten Sache, auf solche Gegenstände stoßen zu müssen, die so sehr unbillig waren. Er starb im 47 Jahre seines Alters zu Regensburg auf dem Reichstage. Ihm folgte

1622

**Philipp Adolph v. Ehrenberg.** Er war ein heftiger Feind der Lutheraner und Hexen, welche letztere er zu kennen glaubte. Das kaiserl. Kammergericht schikte ihm wegen beyder Geschäfte Verbote zu, aber diese Verbote waren gegen seine Ueberzeugung, folglich glaubte er nicht schuldig zu seyn, sich daran zu halten. Er ließ 219 Personen, die er für Hexen hielte, umbringen, sogar sein eigner Vetter Ernst von Ehrenberg ward ein Opfer seines Hexenaberglaubens. Dieser unglückliche war ein adelicher Zögling im Seminarium, und durch seine Besuche, die er öfters bey einer adelichen Dame, seiner Tante, die in der Plattnersgaße am Ecke wohnte, ablegte, mogte er wahrscheinlich den ersten Verdacht gegen sich erregt, und die Jesuiten seine Aufseher und Lehrer dazu bewogen

haben,

haben, ihn bey dem Fürsten anzugeben. Diese erzählten denn dem Fürsten: die Base, die Ernst besuche, sey eine Hexe, und nehme Ernsten alle Nächte mit zur Hexenversammlung; so sollte er es schon ein halbes Jahr lange getrieben haben. Er wurde also den Jesuiten zur ganz besondern Aufsicht übergeben, um ihn etwa wieder zurechte zu bringen. Allein auch diesen Aufsehern wuste er zu entwischen. Endlich versuchte es der äusserst besorgte Fürst mit der Bekehrungskunst der Franciscaner, und als auch diese ihn nicht zur Sinnesänderung bringen könnten, beschloß der Fürst seinen Tod. Ernst klagte heftig, als er das Urtheil vernahm. Und als man ihn aufs Schloß brächte, ward er in ein besonders hiezu bestimmtes Zimmer gebracht, das ganz mit schwarzen Tüchern behangen war. Hier wälzte er sich auf dem Boden, hörte auf keinen Zuruf des Geistlichen, und wurde endlich vom Scharfrichter mit dem Schwerde von der rechten Seite des Halses unter dem linken Arme herausgespalten und getödet.

Der Fürst starb, nachdem er die Retret aufgenommen, und die Frohnleichnans-Brüderschaft eingeführt hatte. Ihm folgte

### Franz Graf v. Haßfeld und Gleichen.

Zu seiner Zeit geschah der grausame Einfall der Schweden in Franken. Als sie sich durch das Koburgische der Stadt Königshofen naheten, um sie zu belagern, fieng alles in W. an, in Furcht zu gerathen, und die Jesuiten und die Weltgeistlichkeit waren die ersten, die aus der Stadt flohen. Die Bürger und andere schafften ihre Habseligkeiten theils ins Schloß, theils nahmen sie solche mit sich; theils vergruben und versenkten sie solche auch in Brunnen. Der Fürst selbst ritt um Mitternacht in aller Stille aus der Stadt, und flüchtete sich nach Frankfurth. Das Schloß aber übergab er einem Baierischen Rittmeister Keller mit Namen, nebst 400 Mann kaiserlicher Deserteurs und 300 Ausschüsser, die aber sogleich wieder davon liefen.

Durch die Nachricht, daß der Schwede mit Wirzburg so verfahren wolle, wie der kaiserliche General Tilly Magdeburg behandelt hatte, gerieth alles so in Schrecken, daß sich kein Mensch mehr seines Lebens sicher glaubte.

Dienstags den 14 October früh gegen sieben Uhr erschien schon ein Schwedischer Trompeter am äussern Thore bey dem dicken Thurme, wel-

cher

cher in die Stadt berichten, ließ: Seine Maje-
stät, der König von Schweden, sey in der Nähe,
und verlange nichts als einen freyen Durchmarsch; würde man ihm dieses gewähren, so
wolle er als Freund handeln, im Falle aber,
daß man ihm den freyen Durchmarsch abschlüge,
würde er alles verheeren, und weder Weib noch
Kinder verschonen: kurz, es so mit den Wirzburgern machen, wie Tilly und seine Kroaten
mit den Magdeburgern. Der König von Schweden war auch ohnedeß schon gegen Wirzburg
sehr aufgebracht, weil der Fürst am meisten zur
Entstehung der Ligue beygetragen hatte, die
Gustav Adolph am meisten fürchten muste. —
Indessen man in der Stadt sich berathschlagte,
was zu thun sey, kam noch ein Trompeter, sie
aufzufodern, und weil man zugleich des Königs
Heer schon den Greinberg herabziehen, und
die beyden Viertel Bleichach und Haug besetzen sah, so öfnete man ihm das Spitalthor.
Hierauf begehrte der König: es möge jemand
aus der Stadt kommen, mit dem er reden könne. Dr. Valtenhcher nahm dieses Geschäft
freywillig über sich, und führte nach einer langen
Unterredung den König und sein Heer in die
Stadt ein. Die Soldaten suchten sich hierauf
selbst in den leerstehenden Häusern Quartier zu

machen; sie schlugen alle Kisten und Kästen
auf, und nahmen zu sich, was ihnen anstand.
Zugleich mußten die Bürger dem Könige huldigen und alles Gewehr an ihn ausliefern. Hierauf zog das Heer, ohne sich an das Schiessen
vom Schlosse herab zu kehren, über den Main,
dem Schlosse zu, und nachdem die schwedische
Artillerie in Ordnung gestellt war, ließ der König das Schloß auffordern: wenn nämlich der
Commandant dasselbe freywillig übergeben würde, solle alles frey und mit Sack und Pack abziehen dürfen, und an sichere Orte gebracht werden. Würde man aber fortfahren sich zu wider-
setzen, so sey alles mögliche Unglück zu gewär-
tigen 2c.

Der Commandant im Schlosse, ein unwis-
sender und hochmüthiger Prahler, antwortete: er
wolle sich bis auf den lezten Mann wehren, und
was ihn anbetreffe: so solle man ihn nur todt oder
lebendig und mit Gewalt aus der Festung her-
ausschleppen 2c. Hierauf gieng das Schiessen
auf beyden Seiten aufs heftigste an; und in
Kurzem hatten die Schweden das Tellthor
und das untere Thürmchen am Schlosse einge-
nommen.

Indessen kam ein schwedischer Generalcom-
missär nach Wiezburg und begehrte 100000
Gul-

Gulden Brandſteuer; welche Summe endlich nach langem Bitten des Raths um 20000 ver‐ ringert wurde. Eben dieſer Commiſſär, der der Stadt ſehr gewogen war, und vom Könige die Befehlshaberſtelle darüber erhalten hatte, bekam vom Rathe 6000 Gulden zum Geſchenke. Den 16. nahm dieſer Commiſſär die Räthe und an‐ dre Officianten in Pflicht, denen er Muth ein‐ ſprach, und ſagte: der König halte ſie, ob ſie ſchon katholiſch wären, dennoch für getaufte Chriſten.

Den 17. October ließ der König das Schloß abermal auffordern. Aber er erhielt die näm‐ liche Antwort, und zugleich ließ der Comman‐ dant aufs heftigſte auf ihn feuern. Worauf die Belagerer zum Ernſte ſchritten, und von drey Orten aus das Schloß ſo ſtark beſchoſſen, daß die Kugeln in den Schloßzimmern wie Ha‐ gel herumflogen; wobey ein Page und Soldat umkamen. Und nun rieſſen die wenigen Aus‐ ſchüſſer ſo gewaltig aus, daß ihrer nicht mehr als X. Stand hielten. Zugleich ließ der Kö‐ nig auch die Waſſerleitung am Höchberg ab‐ ſchneiden, und gegen Abend ſeine Leute nach Himmelspforten marſchiren. Weil ſie das Klo‐ ſter leer fanden, hielten ſie ſelbſt Haus, und ſchlemmten und haußten darinn bis den andern Tag.

R 2

Am

Am 18. wagten die Schweden einen Haupt-
sturm, überstiegen die Mauer des Schloßgar-
tens, hieben die Pallisaden nieder, so auch die
dortige Wache nebst den Constabeln; eröfneten
hierauf das Brückenthor mit Petarden, und
waren in drey Viertelstunden Meister des Schlosses.  In der ersten Hitze machten sie alles nieder, was ihnen in die Hände kam.  Dieß Schicksal hatte auch Truchses von Henneberg, Vice-
dom, der, als er sich verstecken wollte, dem
Feinde in die Hände fiel.  Der Schloßkapellan
las eben Messe.  Aber er hielt es für räthlicher,
den Altar noch vor vollendetem Gottesdienste zu
verlassen, und die geistliche Kleidung auszuzie-
hen.  Er hatte das Glück, sich zu retten.  P.
Leopold, ein Capuciner, kniete eben mit einem
Bruder am Altare, als ihm ein Soldat mit ge-
zücktem Streitbeile sich nahete.  Er bat ihn,
die Kirche nicht mit einem Morde zu beflecken.
Der Soldat führte ihn also etliche Schritte vom
Altare weg, und hieb beyden die Köpfe ab.  Der
Carthäuserprior und die Seinigen, die sich alle
auf das Schloß geflüchtet hatten, litten gleiches
Schicksal.  Eben so ergieng es auch dem Rath
Zirer, der einem an der Küche stehenden Schwe-
den das Trankgeld, das er ihm abbegehrte, abschlug. — Die Nonnen, die sich auch hieher
geflüch=

geflüchtet, hatten, muſten dem Obriſten Stor-
chen 1560. Thaler Ranzion bezahlen. Eben
ſo wurden auch alle leeren Häuſer, und Klöſter
geplündert, die Bewohnten aber, in Friede ge-
laſſen.

Nun erſchien der König ſelbſt im Schloſſe.
Er ließ ſich ſogleich den muthigen Commandan-
ten vorführen, und nachdem er ihm ſein unkluges
Verfahren genugſam verwieſen hatte, befahl er
einen Muſquetär zu rufen, der ihm das Herz
zurecht richten ſollte. Zum Glücke war nicht
ſogleich einer bey der Hand; denn ſie waren alle
im Plündern begriffen. Er wurde alſo gefangen geſezt, und nachher gegen einen andern Rittmeiſter ausgewechſelt. Den 19. ließ der König
im Tafelzimmer durch ſeinen Hofprediger eine
Dankſagungsrede halten für den gewonnenen
Sieg. Nun muſten ihm auch die Landſtädte
huldigen, und jede eine verhältnißmäßige Summe Contribution zahlen. Aber der obbemeldte
Commiſſär brachte es dahin, daß auch an dieſer
Forderung nachgelaſſen wurde.

Die beyden katholiſchen Pfarrer zu Kißingen hatten ſich bey Zeiten geflüchtet. Ein Ca-
puziner hatte ihnen verſprochen, indeſſen ihre
Amtsgeſchäfte getreu zu verrichten, und auszu-
harren, ſollte es ihm auch ſein Leben koſten.

 Aber

Aber er hatte nicht sobald den Tod der beyden Capuciner auf dem Schlosse erfahren, als er ebenfalls entfloh. Nun wurde von dem Commissär sogleich ein lutherischer Magister dahin gesezt, der einstweilen alle Kirchengeschäfte versah, bis der König einen besondern Befehl ertheilte, die Katholifen in ihrer Religionsübung nicht zu stören. Zugleich schickte er noch drey lutherische Prediger dahin, und mit ihnen kamen alle unter dem vorigen Fürsten vertriebenen Lutheraner wieder dahin, und nahmen ihre alten Besitzungen wieder um ein geringes Geld in Beschlag.

Jezt räumte man das Schloß von den Erschlagenen, deren man 700 fand, welche die Bürger in eine Bastey werfen mußten. Das Blut ward aller Orten abgewischt ꝛc. Weil der königliche Küchenmeister die Victualienliefe⸗rung für die Tafel des Königs alle Tage höher trieb; so beschwerten sich die Bürger bey dem Könige, der sie durch seinen Commissär für immer von dieser Lieferung befreyte.

Die Schweden hatten ihre Pferde in die Klöster, Kirchen und Häuser der Bürger eingestellt, wo sie ihre Köpfe zu den Fenstern heraus streckten. Das Vieh der Inwohner logirte auf den Böden unterm Dache. Ein Ochse galt damals

mals

damals fünf, sechs, eine Kuh zwey, drey Rthlr. und ein Schaf zwey auch vier Baßen; so groß war die Menge des Viehes; vielleicht weil das meiste herrenlos geworden war, und der Eigenthümer sich geflüchtet hatte? — So lange der König in Wirzburg war, wurde an der Greden immer an vier Spieltischen gespielt, wo die Soldaten ganze Säcke voll Ducaten vor sich stehen hatten.

Die Weinlese, die endlich auf des Königs Befehl vor sich gieng, dauerte wegen der wenigen Leute von Martini bis Sebastianstag. Der Most, der um Martini gekältert wurde, war der stärkste, der im Advent der beste, und der letzte so dick wie Oel und widrig süß. Der Frost hatte ihm die beste Kraft genommen. Der Eimer Most galt einen Thlr. (1 fl. 30 kr.)

Den 3. December übernahm der Graf von Solms die Regierung des Amts Trimberg, und des Fürstenthums Schwarzenberg, Truchseß von Weßhausen, A. Herm. Rothenhahn zu Rendweinsdorf, wurden königliche Statthalter und D. Fabricius Schmidt Kanzler. Die Officiere in der Stadt nahmen alles mit, was sie in den Häusern fanden, und den Wein vom Jahre 1624, davon damals das Fuder 200 Ducaten kostete, verkauften sie um 20 Rthlr. nach

 Nürn-

Nürnberg. Alles Silber, und alle silberne Bildnisse der Heiligen im Dom und andern Kirchen schlugen sie zusammen, und nahmen es zu sich. Den Schatz im Neumünster, der in der Kohlkammer stack, verrieth ihnen ein Kirchenjunge. — St. Burkard und Stephan hatten das nämliche Schicksal. lezteres muste anbey noch 50 königliche Wagen, Pferde, und Leute erhalten. Das Schottenkloster und die 4 Bettelklöster blieben allein verschont. — Doch musten die Dominicaner einem Major 350 Ducaten zahlen, weil ihr Prior die Ankunft der Schweden nach Augsburg geschrieben hatte. — Das Jesuitenkloster, ihre Kirche, Keller, Bibliotheke und Böden wurden in ihrer Abwesenheit von den Schweden rein ausgeleeret. In der Karthause lag der Obrist Hebron, der bey seinem Abzüge alles mitnahm. — Im Afrakloster war der Zeit Viehmarkt gewesen. — St. Marx stand leer, deswegen besetzten es die Schweden. Himmelspforten verlohr bey 5000 Gulden.

Im Seminarium wurde nebst den schönsten Alterthümern an Manuscripten und kostenen Büchern in der Universitätsbibliothek alles mitgenommen. Im Deutschenhaus fand man einen Schatz. — Das Juliusspital diente zum

laza-

Lazareth; und kam auf des Spitalverwalters
Bitten ungekränkt davon, weil der König, dem
der Verwalter den Fundationsbrief wies, mit
dem Pfaffen in jener Welt nichts zu thun haben wollte. — Das Bürgerspital, das Hof-
und Dieterichsspital verlohren alles, was sie
hatten, der Spitalmeister des letztern vermißte
nachher noch 12000 Gulden besonders. Die
Klöster Ober- und Unterzell, Ebrach, Schwarzach, Neustadt am Main, Brumbach, Bildhausen, Kloster Neustadt, Warkershausen,
Wechterswinkel, Ostheim, Dükelhausen, und
Ilmbach hatten gleiches Schicksal. Nur muste
Ebrach anbey 20000 Rthlr. Mastergeld geben,
und verlor den zu W. im Ebrachenhofe vergrabenen Schatz an 30000 Rthlr. ebenfalls.
Im 1631 den 15. October verließ Gustav
Adolph die Stadt, und zog mit seinem Heere
den Main hinunter. Ehe er abzog, muste man
ihm noch die Anzahl der Fuder Weine, die in
W. lägen, bekannt machen. Sie belief sich
auf 15000 Fuder ohne den neuen Herbstertrag.

Solange die Schweden in W. waren, hatten allein die Neurer und der Pfarrer zu St.
Peter Stand gehalten, und den Gottesdienst
fortgeführt. —

Nach des Königs Tode bey Lützen erschien Herzog Bernhard von Weimar zu W. und zeigte einen schriftlichen Befehl des Königs, worin ihm dieser, für seine so treue geleisteten Kriegsdienste, das Bißthum Bamberg und Wirzburg schenkte. Er berief also auf den 15 Septr. die Geistlichkeit und die weltlichen Räthe zu sich, wo er ihnen, nachdem sie ihm die Privilegien der Stadt eingehändigt hatten, folgende Punkte vorlegte:

1) Sollten forthin alle öffentliche Processionen in den Kreuzgängen verrichtet,

2) Der alte Julianische Kalender eingeführt,

3) Die Universität wieder errichtet, und halb mit lutherischen Professoren besetzt werden.

4) Sollte niemand, es sey wer es wolle, von Anhörung des lutherischen Gottesdienstes abgehalten werden,

5) Reservire er sich alle Amtsertheilungen im geistlichen und weltlichen.

6) Sollten allgemeine Kirchengebete angestellt,

7) Die Brüderschaften und Gebethe um Ausrottung der Ketzereien abgethan,

8) Alle Privilegien und Freyheiten mit Originalbriefen erwiesen werden.

9)

9) In den weltlichen Rath sollten auch Lutheraner kommen.

10) Die Zölle und Accisen sollten noch einige Zeit bleiben. 2c,

Den 31 Octbr. musten alle Geistlichen und Weltlichen auf der Kanzley schwören, wobey sie aber Religionsfreyheit erhielten.

Herzog Bernhard regierte das Land so mild und weise, daß ihm nachher der Fürst in einem besondern Schreiben dafür danken ließ, mit der Aeusserung: selbst ein Landesfürst würde das Land nicht besser regiert haben.

Nach der Niederlage der Schweden bey Nördlingen, verabredeten der Rath und die Bürgerschaft zu W. eine Verschwörung gegen die Schweden mit den Kaiserlichen, die den 18 Octbr. ausgeführt wurde. Man ließ nämlich den Kaiserlichen die Parole der Schweden zu wissen machen, und benachrichtigte sie, wo sie auf dem alten Fischmarkte noch Licht in den Häusern antreffen würden, daselbst befänden sich Schwedische Officiers. Sie sollten also, wenn die Glocke auf dem Gräfen Eckard 11 Uhr schlagen würde, durch den Hirtenthurm am Maine einrüken 2c. Das nämliche geschah auch am Zellerthore, in dessen Nähe die schwedische Generalität im Schottenkloster selbigen Tag vom

Prälas

Prälaten tractirt wurde. Ein Gleiches, that
auch die Bürgerschaft in der Stadt mit ihren
Soldaten, und suchte sie trunken zu machen.
Die Schweden wurden also in einer Nacht sämtlich ausser denen, die im Schlosse lagen, niedergestochen. 1635 gieng das Schloß den 16
Januar auch über. Indessen wirthschafteten
die Schweden noch im Lande bis 1648 nach er-
folgtem Westphälischen Frieden. Das Land
wurde durch diesen Krieg ausserordentlich mitgenommen und verheeret.

Der Fürst starb plötzlich an der Tafel, in
seinem 46 Lebensjahre. Ihm folgte

1642

**Johann Philipp Graf v. Schönborn,**
der 1647 Kurfürst zu Mainz und 1663 Bischof zu Worms wurde. Er diente als ein tapferer Soldat im Schwedenkriege, und kam blos
als Zuschauer zur neuen Fürstenwahl nach Wirzburg, und die Wahl fiel auf ihn. — 1650
fieng er an, das Schloß und die Stadt bis ans
Afrakloster zu befestigen. Bey diesem Geschäfte
fand man, 1670 beym Abbrechen des St. Kon-
radsthores, einen großen Schatz an Gold und
Silber, welcher in die fürstliche Kammer gebracht
wurde. Er starb, und ihm folgte

1673

1673

**Johann Hartmann von Rosenbach.** Gleich bey seinem Regierungsantritte erschienen die Franzosen unter dem Marschall Türenne im Lande. Die Kaiserlichen unter dem General Montecuculi vertrieben solche wieder; hausten aber schlimmer im Lande, als die ärgsten Feinde, besonders in der Maingegend unter Würzburg. Dem Fürsten folgte in der Regierung

1675

**Peter Philipp v. Dornbach.** Er veränderte das Seelsorgerinstitut, das eine Art von Klosterverfassung hatte, und von Bartholomäus Holzhacker herrührte, in ein fürstliches Priesterseminarium, aus der Ursache, weil die Glieder des Bartholomäischen Instituts nach ihrem Tode entweder das hinterlassene Vermögen dem Institute überließen, oder es an ihre Verwandte im Auslande verschickten; denn dieß Institut bestand nicht allein aus Landeskindern, sondern auch aus Fremdlingen. Der weise Fürst hob es also auf, und verordnete, künftig in das fürstliche Priesterseminarium nichts als Landeskinder aufzunehmen, damit nach ihrem Tode das, was sie hinterließen, ihren Verwandten, auf deren Kosten sie doch meistentheils studiert hatten, als ein Ersatz zukäme.

Er

Er verordnete auch einen sehr schweren Accis auf das Fleisch und Brod. — Jedes Malter Korn (Rocken) kostete 3 Batzen Mahlgeld. Ein Schwein ins Haus zu schlachten oder ein Kalb, ebenfalls 3 Batzen, und ein Ochse 9. — Mit dem Weine wurde es ebenfalls so gehalten. Jedes Kind von 5 bis 10 Jahren wurde mit drey Batzen jährlich bezahlt, indem man ein Malter Korn auf solches rechnete; andere Erwachsene von 10 bis 16 Jahren musten 6, und die übrigen 9 Batzen jährlich zahlen. So wurde auch auf jedes Haushalten 2, 3. Malter Weitzen, das Malter zu 6 Batzen gerechnet rc. Erst nach des Fürsten Tod hörte diese schwere Auflage auf. — Ihm folgte

### 1683

Konrad Wilhelm von Werdenau oder Wernau. Die Familie wird für eine der Aeltesten gehalten. — Seine Unterthanen liebten ihn über alles. Er starb zu ihrem größten Leidwesen in dem 46ten Jahre seines Lebens. Sein Testament verordnete einen Theil seiner Hinterlassenschaft den Armen, den andern Theil der Kirche, und den dritten seinen Verwandten. Ihm folgte

### 1684

Johann Gottfried v. Guttenberg in Steinhausen und Leupenhof. Er war ein sehr

sehr gelehrter Herr, und regierte sehr rühmlich. Seine erste Sorge war, seinen Unterthanen aufzuhelfen; deswegen bezog er nie das Schloß, sondern blieb in seinem Domherrnhofe wohnen, und lebte ausserordentlich sparsam und einfach. Nie sah man ihn mit großem Gefolge ausfahren. Er fuhr in einem schlechten Wagen, mit zwey Pferden und zwey Lakaien nebst zwey Soldaten, die neben dem Wagen hergiengen, und die Flinten im Arme liegen hatten, zuweilen nach Veitshöchheim, um sich im dasigen Garten von seinen Regierungssorgen zu erholen.

Alle Wochen hielt er zwey Verhörtage, wo er jeden seiner Unterthanen anhörte, und ihre Bittschriften durchlas. Bey Urtheilssprüchen fragte er allemal den Richter, aus welchem Juristen er dieß Urtheil hätte, und geschah es, daß dieser keinen zu benennen wuste; so gieng er sogleich in sein Kabinet, und holte den Autor, der das Urtheil enthielt, mit der Belehrung, die er dem Richter sagte: „ihr müßt kein Esel seyn, und mehr lesen. Ich brauche Doctos (Gelehrte) und keine Doctoren." *) —

So geschah es auch einmal, daß ein Bauer von

Zellin-

*) Das nämliche sagte auch schon Konrad Celtes aus dem Wirzburgischen, der einige Jahrhunderte zuvor lebte.

Zellingen, der einen andern im ... ...
geschlagen hätte, von einem ... Minister
einen Sicherheitsbrief erhalten hätte? Als der
Fürst solches erfuhr, ließ er den Minister zu ...
kommen, und die Bittschrift des Baretil sich
geben. Hierauf sprach er zu ihm: „Du Betrüger! — mich betrügst du nie," weil ich aller
Bittschriften lese, und nie einen vorsetzlichen
Mörder zu begnadigen gesinnt bin." — Er
befahl ihm hierauf, ihm nie mehr vor das An-
gesicht zu kommen; und als sich der Minister
entfernte, gab er ihm noch einen Tritt in den
Hintern. Er haßte alle Ungerechtigkeit und
Lücke aufs äusserste. Eben so war er auch der
heftigste Feind aller Ohrenbläser und Favoriten.
Bey ihm galt nur ein Mann von gutem wohlthä-
tigen Herzen und Kenntnissen etwas. Deswegen schätzte er auch den damaligen Dechant von
Neumünster Dr. Bartholomä über alles,
und lud ihn oft zu sich zur Tafel.

1688 fielen die Franzosen abermals ins
Land. Auf der Höhe bey Würzburg warfen sie
eine große Schanze auf, und hierauf erschien
vom Marschall Türenne ein Trompeter am
Burkarder Thore, der mit dem Fürsten zu sprechen verlangte. Man führte ihn zu demselben
mit verbundenen Augen; worauf er seines Herrn

Antrag dem Fürsten bekannt machte, der darinn bestand: „Weil heute Martinsabend wäre, so wolle sich sein Herr, der Marschall, auf Morgen zum Fürsten geladen haben, um mit ihm die Martinsgans zu verzehren. Der Fürst erwiederte standhaft: Sein Herr solle ihm, wenn er sich blos als Freund zu ihm einlade, die Martinsgans mit ihm zu verzehren, willkommen seyn, verstehe er aber darunter die zu erlegende Brandschatzung, so sey er bereit, ihm morgen mit den Kanonen vom Schlosse herab dieselbe zu ertheilen. Er hielt auch Wort, und begab sich sogleich des andern Morgens aufs Schloß, und ließ die Kanonen vorführen. Als er die Menge der Franzosen, und um sie her den Marschall auf einem weißen Pferde reiten sah; trat ein Kanonier zu ihm mit dem Antrage: er wolle den Marschall vom Pferde heben, oder wenn er ihn nicht treffe, solle man ihn auf einen Mörser setzen, und hinüber zu dem Feinde werfen. Allein der edle Fürst verbot ihm dieß Probstück seiner Kunst mit der Aeußerung: „lasset den jungen tapfern Helden mit Frieden, er kann seinem Könige noch viele Dienste leisten; und thue nie keiner einen Schuß, bis die Feinde selbst den Anfang damit machen.„ Allein der Marschall zog alsobald in der Stille ab, und wurde den



Main

Main hinab von den Schnapphahnen so mitgenommen, daß er kaum das halbe Heer aus dem
Lande brachte. —

Er führte den Bau der Stiftskirche zum
Haug vollends aus. Eben so vollendete er auch
die Seminariumskirche, und das Seminarium
aus eigenen Kosten. In der Seminariumskirche, die vom Tode des Bischoffs Julius bis zu
ihm ohne Dach gestanden war, war das Gras
auf dem Altare und in der Kirche gewachsen, so
daß es mehr einer Wildniß als einem Tempel
gleich sahe. 1693 traf er während der großen
Theurung die herrlichsten Anstalten. Er eröf-
nete die Fruchtböden im ganzen Lande, und kaufte
auswärtig noch vieles Getraide ein, um es seinen Unterthanen zu geben. Die Kammer ge-
wann hiedurch so viel, daß das Geld das Ge-
wölbe eindrückte, worinn es aufbewahrt wurde.
Er löste auch verschiedene Orte, die seine Vorfahren versezt hatten, wieder ein, und hatte eben
den Proceß wegen der vom Mangold ans Kapitel verkauften Stadt Ochsenfurt gewonnen, als
er starb. Er hatte zum Nachfolger

1699.

Johann Philipp v. Greifenklau. Als
Regent hörte er alle Klagen und Bitten der Unterthanen selbst an, und handhabte die Gerech-
tig-

tigkeit ohne Ansehen der Person. Er war sehr fromm, und betete alle Morgen, auf bloßen Knien und auf Kieß, anderthalb Stunden. Alle Sonnabends aß er keinen Bissen. Eben so hielt er alle Mittwochen Fasttag. Er erhub den Leichnam des h. Bruno 1699 und weihte die neue Ursuliner-Klosterkirche ein. Er vollendete auch die Universitätskirche und den prächtigen Neubauthurm 1705. Eben so baute er auch in und ausserhalb der Stadt 35 Kirchen, und unter diesen das jetzige Neumünster, St. Peter, die Schottenkirche und die Ignaziuskapelle; ferner das sogenannte fürstliche Schlößchen, die alte Hofkammer am Rennwege, die unter Ittgelheim abbrannte; nebst der Kanzley und dem prächtigen Zeughause.

Gelehrte und erfahrne Männer schäzte er so hoch, daß er für sie kein Geld sich gereuen ließ. Weil er sehr einfach lebte, so genossen die Armen sehr viel von seiner Güte. Kaiser Karl VI. schäzte ihn ungemein hoch. Und bey Ludwig XIV. galt er so viel, daß er durch einen einzigen Brief an ihn sein Land von allen Brandschatzungen befreyte. Er hätte auch die Freude, die Nachricht zu erhalten, daß seine Hülfstruppen bey Belgrad gegen die Türken einen rühmlichen Sieg erfochten hätten. Er starb

endlich zum Leide aller seiner Unterthanen im
67ten Jahre seines Alters.   Ihm folgte

1719

Johann Philipp Franz.  Er war ein
sehr gelehrter und kluger Regent.  Sein Ansehen am römischen Hofe, zu Paris, zu Wien
und in den Niederlanden, woselbst er als Gesandter gestanden hatte, war sehr groß.  Man
liebte und schäzte ihn allgemein als einen der
größten Männer Deutschlands.   Als Fürst war
er sehr strenge in Ausübung der Gerechtigkeit.
Er las alle Bittschriften selbst durch.  Sein in-
nigster Wunsch war, sein Land empor zu bringen, und seine Unterthanen möglichst glücklich zu
machen.  Er wandte alles an, um diesen Endzweck zu erreichen.  Deswegen glaubte er, vor
allen nichts bessers thun zu können, als die Lehrer an der Universität, die die Quellen des Guten sind, das sich über alle verbreiten soll, mit
bessern Lehrgehalten zu versehen.  Er errichtete
den Lehrstuhl der Geschichte und der Mathema-
tik für jedermann.  Eben so fieng er auch an,
die öffentliche Bibliothek wieder mit großen Kosten zu errichten.  Mit den benachbarten Fürsten errichtete er ein Bündniß in der Absicht,
daß einer dem andern ohne Rücksicht auf Religion im Nothfalle zu Hülfe kommen sollte. Sei-

ne

ne Frömmigkeit, Mäßigkeit und Menschenliebe
war so groß wie seine Weisheit. Er ließ jährlich etliche tausend Gulden insgeheim unter die
Armen austheilen. Für die Anwendung der
milden Stiftungen trug er ebenfalls die größte
Sorge. — Er errichtete auch die schöne Tod-
tenkapelle, und wünschte sehnlich, sie bald fertig
zu sehen, um sich dahin begraben zu lassen. Die
Palmsonntagsprocession, die sonst am Charfreytage gehalten wurde, ließ er, vom Jahre 1721
an, am Palmtage Nachmittags halten. Er legte
1722 auch die Streitigkeiten zwischen Fuld und
Wirzburg wegen der Diöcesangerechtigkeiten bey.
Die beyden Festungen bey Wirzburg und die zu
Königshofen im Grabfelde ließ er mit Bollwer-
ken versehen, und erbaute über dem Main die
Caserne, um den Bürgern die Last der Soldaten, die bisher bey ihnen einquartiert wären,
abzunehmen. Er legte auch 1720 den Grund
zu der prächtigen Residenz am Rennwege. Im
Jahre 1724 begab er sich nach Mergentheim,
um dem deutschen Ordensmeister einen Besuch
abzustatten. Er ward daselbst krank, und eilte,
zurück nach Wirzburg zu kommen. Allein bey
dem Dorfe Löffelstelz muste man ihn aus dem Wagen heben, und unter einem Eichbaume verschied er
im 51ten Jahre seines Alters. Sein Nachfolger war



1724

1724

Chriſtoph Franz von Hutten. Seinem Geſchmacke an Wiſſenſchaften hat das Domkapitel und der Adel vieles zu danken, indem er noch als Domherr einen lange vergrabenen Schatz von alten Manuſcripten, Monumenten und andern Alterthümern fand, der dem Kapitel zugehörte. Er erbaute auch den bekannten Huttiſchen Garten zu Jedermanns Ergötzung. Eben ſo errichtete er auch die Statüen auf der Mainbrücke. In der Theurung 1725 traf er die weiſeſten Maaßregeln, um ſeinen Unterthanen wohlfeiles Brod zu verſchaffen, indem er zuvörderſt die Ausfuhr des Getraides verbot. Seine Gerechtigkeitsliebe erſtreckte ſich auch auf den Schneckengang der Juſtiz. Er befahl ſchleunige Unterſuchung der Händel, und nahm manchen Gebrauch, der die Sache nur verlängerte, weg. Er liebte ſeine Unterthanen recht ſehr, und zum Angedenken lieſſen ſie ihm nachher einen ewigen Jahrtag ſtiften. Wie bekannt es ihm ſeyn muſte, welche harte Bedrückungen der Unterthan von Seite der Gerechtigkeitspflege erfahren müſſe, kann man aus ſeinen ſo weiſen Verordnungen genugſam erſehen. — Merkwürdig iſt auch das Dekret von ihm, das er 1726 im Betreff der Quackſalber und Operateurs ertheil-

ertheilte, denen er bey hoher Strafe ihre Mord-
gewerbe untersagte. Ferner traf er, um die In-
dustrie und den Handel emporzubringen, besonders im Betreff des Tuchhandels und Tuchma-
chens die schönsten Veranstaltungen. Er verbot daher, keine Wolle mehr ausser Landes zu
schaffen, und gebot, im Lande hin und wieder
Tuchhandlungen anzulegen. Ob errichtete er
auch eine neue Feuerordnung. — So ließ er
auch, um dem Unwesen des Bettelns zu steuern, alles Gesindel, das gesund und stark war,
einfangen, und zur Schanzarbeit anhalten.
Das nämliche geschah auch mit dem Zigeuner-
volke. Er starb von allen bedauert. Ihm
folgte

### 1729

Friedrich Carl v. Schönborn. Auch
er studierte nach damaligem Gebrauche einige
Zeit zu Rom, machte hierauf einige Reisen, und
ward nachher als kaiserl. Gesandter an verschiedene Höfe geschickt. Nachher kam er in das
Kapitel zu Wirzburg. Er ward 1729 Bischof
zu Bamberg den 30 Januar, und den 18ten
May zu Wirzburg. Von allen Höfen kamen
Gesandten zu ihm, um ihm zu dieser Ehren-
stelle Glück zu wünschen. — Er führte 1737
die ewige Andacht im ganzen Lande ein. Er

 war

war ein sehr großer Freund der Andacht, und
machte verschiedene Stiftungen in die Kirche.
Er erbaute die fürstliche Hofkapelle, das Lust-
schloß Werneck. Noch als Fürstbischof bediente sich seiner der Wiener Hof in wichtigen
Geschäften. Er leistete auch dem Kaiser großen Beystand mit Hülfstruppen gegen die Franzosen und Türken. 1734 resignirte er seine
Vicekanzlerstelle, und erhielt für seine in diesem
Amte so treu geleisteten Dienste die Grafschaft
Mongatsch in Oberungarn, wie auch die große
Grafschaft Zemblin, St. Nickolaus und Sur-
zin nebst andern Rittergütern.

Sein Eifer, den Unterthanen des Landes
Recht zu verschaffen, kann nicht genug gerühmt
werden. Die Universität zu Wirzburg brachte
er während seiner Regierung in ausserordentlich
großes Ansehen, so daß damals sehr viele Fremde von Adel dieselbe besuchten. Eben so suchte
er auch vieles zum Nutzen und zur Zierde der
Stadt beyzutragen, indem er verschiedene Springbrunnen errichtete, wie auch nebstdem noch den
Kissinger Brunnen verbesserte. Dem Zucht-
und Arbeitshause gab er noch eine bessere Verfassung. Nebst dem, daß er die Stadt immer
mehr befestigen ließ, behielt er auch immer vier
tausend Soldaten auf den Beinen, und ließ an-

bey

bey noch immer ein Regiment Landmiliz zu
1500 Mann bereit halten. Der Marschall
von Bell'isle, der 1743 nach Wirzburg kam,
wohin er von seinem Könige mit wichtigen Auf-
trägen war geschickt worden, sprach, nachdem
er ihn durch nähern Umgang recht kennen gelernt
hatte, von ihm: „er habe mitten in Deutschland
noch einen Fleury angetroffen.„

Er verbot auch die Heirathen unter Leuten,
die keine 200 Gulden zusammen brächten, oder
wovon der eine Theil kein Handwerk könne. —
Eben so verbot er die Mißbräuche mit den Ge-
schenken bey Firmungen. 1741 befahl er auch:
daß die Schule auf dem Lande auch im Sommer fortwähren solle. Merkwürdig ist auch sein
Befehl an die Beamten vom Jahre 1744 im
Betreff derer unter den Verbrechern, denen der
Kirchenschuß (Asylum) nicht zu statten kommen solle: nämlich, öffentlichen Mördern und
Straßenräubern, Feldverheerern, jenen, die in
Kirchen und andern geweihten Orten Todschläge
begehen oder andre verstümmeln — welche andre verrätherischer Weise umbringen — gedun-
gene Mörder — Ketzer — und Majestätsver-
brecher. Sein Nachfolger war

**1746.**

Anselm Franz v. Ingelheim. Er liebte nach damaligem Geschmacke, der an den meisten großen Höfen zu Hause war, gar sehr die Alchimie oder Goldmacherkunst. Nachdem er von manchem Betrüger genugsam war hintergangen worden, fand er auch seinen Tod noch bey diesem Geschäfte. Durch eben dieß Laborirwesen kam einsmals die alte Kammer in Brand, und nebst dem Verluste andrer wichtigen Dinge verbrannte auch eine Menge Getraids, das auf den Böden in der alten Hofkammer lag. Man will ihn 1749 den 9 Febr. todt im Bette gefunden haben. Ihm folgte

**1749**

Karl Philipp v. Greifenklau. Er war ein großer Freund der Gelehrten, und sein Eifer für das Wohl seiner Unterthanen zeigte sich in allen seinen Geschäften. *) Er hatte zum Nachfolger

**1754**

Adam Friedrich von Seinsheim, der Menschenfreund. Er ist es, der das Wohl unseres Vaterlandes so sehr am Herzen trug; dem

*) Gleich zu Anfang seiner Regierung ward die unglükliche Nonne M. Renata v. Sänger als Hexe enthauptet und verbrannt.

den, was das Vaterherz so tief kränkte, als er den Feind im Lande sehen muſte, der seine Untertha-nen, so sehr drückte, nämlich im siebenjährigen Kriege. Eben so tief fühlte er in den Jahren 1772 bis 1773 die Noth seiner geliebten Unterthanen, denen Hunger und Krankheitsseuchen so hart zusezten. Er ließ kein Mittel unversucht, um diese Uebel aus den Gränzen des Landes zu verbannen, und das Glück derselben zu befördern. Daher ließ er sich auch die Verbesserung, oder vielmehr die Verschönerung der Straſſen zum Vortheile derselben möglichſt angelegen seyn; weshalb auch unsre Chausseen-Wege ihren Anfang unter seiner Regierung nahmen.

Doch eine der wichtigſten und gemeinnüzigsten Einrichtungen, deren er so viele zum Wohl des Landes traf, iſt das Schullehrerseminarium. Eines solchen Inſtituts haben sich auſſer Wirzburg noch sehr wenige Länder zu erfreuen. Der Nuzen dieses Inſtituts, das unter der so rühmlich ausgezeichneten Regierung unseres jezigen Landesfürſten durch seine Gnade und Weisheit und väterliche Obsorge, der einzig das Beste seiner Unterthanen beendzweckt, noch weiter gediehen, und in einen noch vortheilhaftern Zuſtand versezt worden iſt, kann mehr bemerkt, als beschrieben werden.

Adam

Adam Friedrich starb, um dem Muster eines wahren Landesvaters Platz zu machen. Franz Ludwig, unser erhabenster Landesfürst, und einer der ersten weisen Regenten Deutschlands sollte alle jene herrliche und so nützliche Anordnungen treffen, die das Wohl und den Nutzen aller seiner Unterthanen so augenscheinlich beförderten. Seinem Auge sollte nichts entgehen, was der nützlichen Verbesserung noch fähig wäre. Landes = und Herzenskultur, Arbeitsamkeit, Fleiß, Betriebsamkeit, Beförderung der Wissenschaften, Abstellung der landverderblichen Uebel des Bettelns, der Trägheit, der Sorglosigkeit und Unthätigkeit unter dem Volke, alle diese Gegenstände sind durch seine Beyspielswürdige Vatersorge einheimisch geworden. Mit allem Rechte hebt mit dem Jahre 1779 die Epoche der allgemeinen, und immer mehr zur Vollkommenheit sich entwickelnden Landes = und Menschenverbesserung in unserem Vaterlande sich an, die, wenn wir immer mit vereinten Kräften seinen Vaterwillen genau zu erfüllen uns bestreben werden, einst noch die häufigsten und schönsten Früchte bringen wird.

Chro=

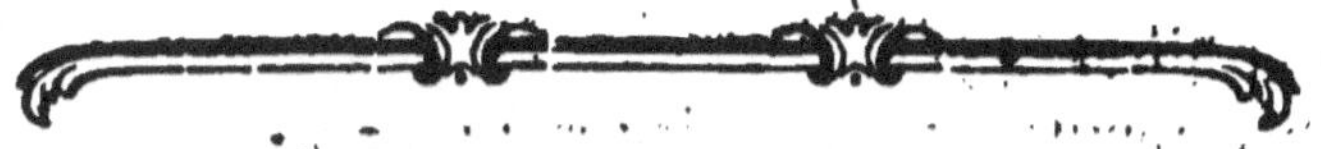

# Chronologische Uebersicht
## dieser Geschichte.

Der römische Feldherr Marius schlägt die Deutschen 100 Jahre vor Christi Geburt.

Cäsar lernet die Deutschen kennen 58 Jahre vor Chr. Geb.

Cäsar gewinnet durch die Deutschen bey Actium die Schlacht 48 Jahre vor Chr. Geb.

Große Niederlage der Römer und des Quintus Varrus nach Chr. Geb. 9 Jahre.

Anfang der Einfälle der Deutschen über die Donau, nach Chr. Geb. 119.

Anfang des Marcomannischen Krieges 166.

Erscheinung der Allemannen 213.

Erscheinung der Franken 238

Konstantin wird Christ 312.

Ankunft der Hunnen 376.

Theodosius schaft den Götzendienst ab 391

Ausbruch der Völkerwanderungen 400

Zug des Attila 451.

Aetius schlägt ihn bey Chalons 451.

Attila verwüstet Italien 452.

Er

Macht

Macht schöne Erziehungsstalten, stirbt 814.

Bischof Leutherich, starb 810.

Wolfger Bischof, starb 831.

Die Ungarn kommen nach Deutschland 926.

B. Humbrecht starb 841.

B. Gottwalb, unter ihm brannte der Dom ab, starb 852.

B. Arno, geht in Krieg, kömmt um 892.

B. Rudolf, geräth in Irrungen mit den Grafen von Babenberg, siegt 902.

Wird aus Wirzburg verjagt, und die Stadt und das Land verheert 903.

Seine Brüder werden abermal geschlagen, und Herzog Konrad getödet 905.

Graf Adelbert v. Babenberg kömmt in die Acht.

Kaiser Ludwig schenkt B. Rudolphen Frikenhausen und Proselsheim.

Graf Adelbert kömmt durch List um 905.

B. Rudolph stirbt 908

Der Karolingische Stamm erlischt 911.

B. Theodor oder Diterich st. 932

Kaiser Otto. Erscheinung der 4 Erzämter 936

B. Burkard II. st. 941

Niederlage der Ungarn am Lech 955

B. Poppo — Unter ihm erhalten die Domherren von K. Otto I. die Freyheit, künftig in den Bischof aus ihrer Mitte zu wählen. Poppo stirbt 961

B. Poppo II. Die Kirche zu St. Martin zu Barchheim wird samt Zubehör dem Stift W. geschenkt von Kaiser Otto II. Im Jahre 976.

Stokheim und Scheckbach kommen an das Stift 983.

B. Poppo st. 984

B. Hugo st. 989

B. Bernhard st. 995

B. Heinrich bauet viele Klöster — Stift Haug, St. Stephan — Der ganze Saalgau kommt ans Stift im Jahre 1000. stirbt 1018.

Herzog Konrad aus Franken wird auf der Ebene zwischen Mainz und Worms zum Kaiser gewählt 1024

B. Meinhard. — Erhält die Freiheit, Geld zu münzen, und verschiedene Wildbahne, stirbt 1033

B. Bruno der Heilige. — Der Einsturz eines Hauses befördert seinen Tod, st. 1045

Kloster Theres gestiftet 1047

B. Meinhard st. 1088

B. Adelbert. — Ein Gegner K. Heinrichs IV. und zweimal abgesezt. st. 1090

Ausbruch des Faustrechts 1056

Hei.

Helbenfeld Kloster gestiftet 1060

Pabst Gregorius VII. Kloster Banz gestiftet 1071

Kloster Schwarzach wieder aufgeführt 1075

Die Türken erobern Kleinasien 1078

Anfang der Kreuzzüge 1095

Stiftung des Klosters Banz 1069

B. Ainhard st. 1104. stistet das Spital bey St. Stephan 1097

B. Rupert st. 1106, Kloster Schönthal gestiftet 1102.

B. Erlang st. 1122. Kaiser Heinrich IV. bestättigt B. Erlangen die herzogliche landeshoheit 1120

Die Bürger von Wirzburg hängen getreulich dem Kaiser Heinrich V. an, und kommen in den Bann des Pabstes 1077

Kaiser Heinrich will B. Erlangen den Titel: Herzog von Franken nicht mehr gestatten 1116

B. Erlang stirbt, wird zu Kloster Schwarzach begraben, weil Wirzburg im Bann liegt 1122.

Der römische Hof mischt sich in die Kaiserwahlen 1125

Die deutschen Stände machen sich frey.

Die lehngüter werden erblich.

Aus den Gauen werden Grafschaften.

Verbreitung der Dienstmannen (Soldaten)

T

Der

Der hohe Adel sondert sich vom Niedrern, besonders bey Turniren, Domstiftern und Rit-
terorden.

B. Rüdiger st. 1145. (Zeitalter der Ritter)

B. Gebhard I. gegen ihn, st. 1131

Kloster Ebrach entsteht 1126

Kloster Zell 1128. Nonnenkloster Unterzell.

B. Heinrich II. st. 1131.

B. Embricho (Emmerich)

Er erbauet das Schottenkloster 1134

Das Dietrichsspital wird gestiftet 1140

B. Embricho stirbt 1147

Schloß Rothenfels wird erbaut 1148

B. Siegfried st. 1153

Kloster Brombach entsteht 1150

Aus dem bey St. Stephan stehenden Spital
wird ein Nonnenkloster St. Afra gemacht
vom Abte Rapold zu St. Stephan 1151.

B. Gebhard II. st. 1161.

Kloster Bildhausen entsteht 1156.

Kloster Schönthal entsteht 1158.

Konzilium zu W. 1164.

B. Heinrich III. st. 1165.

Das Nonnenkloster Hausen bey Kizingen entsteht 1161.

B. Herold: Unter ihm bestättigte Kaiser Friedrich I. alle alten Privilegien der Stadt Wirzburg 1166                                    B.

B.      lb iſt der erſte, dem man ein Schwerd
mit ins Grab gab, ſt. 1172.

B. Reinhard ſt. 11?

B. Godfried. Unter i     war das Jahr 1185
merkwürdig, indem im Jenner die Bäume
ſchon anfiengen zu blühen, und im Mai die
Getraidernde, und im Auguſt der Herbſt
war, im folgenden Jahre 1186 gab es am
erſten Pfingſttage noch Eiß und Schnee, wodurch alle Früchte erfroren.

Er erlaubte gegen ein Geſchenk von 110 Mark
Silbers, künftig die Kaufmannsmeſſe in der
Stadt zu halten, 1189.

Das Nonnenkloſter Schönau wird erbaut 1189.

Er ſtarb 1189.

B. Heinrich IV. ſt. 1193.

B. Godfried II. ſt. 1198.

B. Konrad I ſt. 1203.

B. Heinrich V. erbaut das Kloſter Velfsdorf,
ſtarb 1206.

B. Otto II. ſtirbt 1223. Gebrauch der Mag-
netnadel und Uhren fängt an.

Reichstag zu W. 1209.

Schloß Borberg kömmt an das Stift 1213.

Hildenburg und Lichtenberg kommen ans Stift
durch Kauf 1230.

B. Diether st. 1224.

Die Zünfte werden in Deutschland abgeschaft 1231

Kloster Himmelspforten entsteht 1231.

B. Hermann st. 1250.

Bodenlauben kömmt ans Stift 1234.

Kloster Meidbrunn 1232.

Stollberg kömmt ans Stift 1237.

Kloster Seligenthal entsteht 1239.

Entstehung der Hanseestädte 1241.

Ravenech kömmt halb ans Stift 1243.

So auch Wernek 1250.

Kaiserl. Städte erklären sich zu freyen Reichs-
städten.

Aufruhr in W. 1254.

B. Ehring. Neuer Aufruhr 1261 — 1265.

Ehring stirbt 1266.

Erscheinung der 7 Kurfürsten 1268.

Die Domherren tretten aus den Kutten 1267.

Erlöschung des Hauses Hohenstaufen 1263.

B. Konrad st. 1268.

Erlöschung des Herzogthums Franken u. a. m.

Entstehung der unmittelbaren Reichsritterschaft
in Franken, Schwaben, und am Rheine.

Erscheinung der Kurfürstlichen Willebriefe.

Entstehung der 4 Reichsstände, Kurfürsten,
Fürsten, Städte und Reichsadels.

Verbreitung der Bettelmönchsorden.

B.

B. Berthold st. 1285.

Man gebraucht Ziegel und Schiefer, und führt
die Rauchfänge (Schlöthe) ein.

Kaiser Rudolph von Habsburg. 1273.

Schloß Trimberg kömmt ans Stift 1277.

Eben so Schönbrunn 1278.

Kloster Dunkelhausen restituirt 1279.

Zeitalter der Scholastik.

Schulen zu Paris und Bononien (Bologna).

Entstehung der Scotisten und Thomisten.

Neuer Aufruhr zu W. wegen der Zünfte 1285.

Frankenberg kömmt ans Stift 1281.

Anfang des deutschen Briefeschreibens 1283.

Koncilium und Reichstag zu W. 1287.

Berthold der Bischof behält das Ablaßgeld zurük.

Schloß Schwannberg kömmt an das Stift 1287.

B. Mangold st. 1302.   verkauft Ochsenfurth
ans Kapitel 1295.

Arnstein kömmt ans Stift 1292.

Iphosen wird zur Stadt 1295.

Neue Empörung zu W. 1296.

Wildberg kömmt halb ans Stift 1298.

Mangold verbietet den Kindern, ohne Elterliche
Erlaubniß zu heurathen, oder ins Kloster
zu gehen 1299.

Schloß Neuenburg kömmt ans Stift 1299.

T 3                    Man=

Mangold muß Bertholds seines Vorfahrers ge-
sammeltes Ablaßgeld noch nach Rom zahlen 1302.

Zabelstein kömmt an das Stift.

Wirzburg muß Armuths halber zu Regensb.
Geld entlehnen 1305.

B. Andreas st. 1315. Die Pest im Lande
von 1315 bis 1317. zu Wirzb. starben
4000 daran.

Die Tempelherren werden vertilgt 1307.

Schlüsselfeld kömmt ans Stift 1307.

Neuer Aufruhr zu W. 1308.

Die Bürger kommen in die Acht.

Ein falscher Münzer auf dem Schloße Rothen-
-hahn 1324.

B. Gottfried, st. 1322.

Die Arzneywissenschaft wird cultivirt, um den
Seuchen entgegen zu arbeiten.

Die Karthause Grünau wird gestiftet 1328.

B. Wolfram st. 1333.

B. Hermann, st. 1335.

Eltmann wird zur Stadt 1335.

B. Otto, st. 1345.

Judenverfolgung im Lande 1336 — 1348.

Die Bürger zu W. kommen aus dem Bann 1337.

Rothenfels und Gemünden kommen ans Stift
1342.

Fricken-

Frickenhausen, Iphofen und Habburg kommen
ans Stift 1343.

Bund der Bürger zu W. den Geistlichen keine
Böden und Keller zu lassen 1344.

Irrung zwischen dem Bischof und den Bürgern.

Röttingen, Ingolstadt und Reichenberg kommen ans Stift 1345.

Kaiser Ludwig der Bayer macht die Kaiserwahlen wieder vom päbstlichen Hofe frey.

B. Allbert st. 1349.

Kaiser Karl IV. bestättigt ihm die herzogliche
Landeshoheit 1347.

Neuer Streit zwischen den Bischof und den
Bürgern 1350.

Kaiser Karl IV. goldene Bulle 1356.

Ende der Kaisergüter in Italien.

Ebenhausen kömmt an das Stift 1383.

B. Albert

Königshofen, Auersberg, Wildberg, Rothen-
stein, Steinach kommen an das Stift
1354.

Neuer Streit der Bürger 1357.

Wiedern kömmt zum halben Theil ans Stift
1362.

Gebrauch der Donner-Büchsen oder Kanonen.

Stiftung der Carthaus Dückelhausen 1363.

B. Albrecht bringt das Stift sehr in Schulden.

 B.

B. Gerhard st. 1403.

Bürgeraufruhr zu W. 1372.

Krieg mit dem Bischoff 1373.

Die Bürger kommen in die Acht 1374.

Bischoffsheim und Bütthard kommen ans
Stift 1376.

Müdlingen und Königshofen kommen ans
Stift 1394.

Gerhard verbietet den Pfarrern, Weiber zu haben 1395.

Er erlaubt ihnen solche wieder gegen eine gewisse Auflage

Neue Empörung der Bürger 1397.

Bund der XI. Städte.

Amt und Schloß Krautheim kömmt ans Stift
1399.

Neue Fehde der Bürger gegen ihren Hrn. 1400.

Königsberg Schloß und Stadt wird an Sachsen verkauft 1400.

Karlburg und Karlstein ans Kapitel versetzt 1400.

Kitzingen wird versetzt 1401.

Schloß Landsberg wird versetzt 1401.

B. Johann I. st. 1412.

Der Landfriede wird neu errichtet 1403.

Stiftung der Universität zu W. 1402.

B. Johann II. kommt mit dem Kapitel und der
Bürgerschaft in große Irrung.

Klo-

Kloster Astheim gestiftet 1414.

Allmähliche Erfindung der Buchdruckerkunst
    1430.

Entstehung des Gebrauches des Schießpulvers.

Concilium zu Kostanz 1414.

Huß wird verbrannt 1415.

Hussitenkrieg.

Concilium zu Basel 1431.

B. Johann stirbt 1441.

B. Sigismund, st. 1443.

Concordaten der deutschen Nation mit Kaiser
    Friedrich III. werden gemacht 1448.

Gregorius Heimburg mahnt das Capitel in ei-
    ner sehr freymüthigen und patriotischen Rede
    ab, die Verwaltung des Stiftes keiner frem-
    den ausländischen Macht anzuvertrauen.

Sigismund thut die Geistlichkeit in den Bann.
    — wird 1443 abgesetzt.

B. Gottfried tritt das Stift äusserst verarmt
    und verheert an, st. 1455. Kloster Ilmbach
    gestiftet 1453.

Konstantinopel wird von den Türken erobert 1453

B. Johann III. st. 1466. sein Günstling Hanns
    Haß

B. Rudolph II. baut die Mainbrücke zu Wirz-
    burg 1473.

Hanns Böhme der Paucker wird verbrannt.

                    Die

Die Inquisition wird eingeführt, aber in Deutschland bald wieder verboten, und die Ketzermei-
ster werden aus dem Lande verjagt, 1479.

Konrad Zeltes ein großer Gelehrter bey Schweinfurt geboren.

Kolumbus entdeckt Amerika 1492.

Allgemeiner Landfrieden. — Rudolph stirbt
1495.

B. Lorenz st. 1519.

Reichskammergericht entsteht durch Kais. Max. I.

Das Reich wird in sechs Kreise getheilt, 1509.
Vier neue Kreise 1512.

Reichshofrath 1591.

Aufhebung des heimlichen oder Fehmgerichts,
1512. — Anfang der Torturen und der
Halsgerichtsordnung.

Luther erscheint 1517.

Einführung der Flinten mit Feuerschlössern 1715

B. Konrad III. st. 1540,

läßt durch ein zweyfaches Decret den Geistlichen
die Weiber verbieten 1521. -

Prozeß des D. Appels und Fischers im Betreff
der Weiber.

Ein Domherr ersticht zu W. einen Nachtwäch-
ter aus Muthwillen,

Kilian von Fuchs, Domherr, ersticht Wolfen
von Schaumberg wegen eines Hasens.

An-

Anfang des Bauernkriegs 1524.

Die meisten Schlösser und Klöster im Stifte
werden bis auf zwey, gänzlich von den Bauern zerstört.

Sebastian von Rothenhahn.

Werden zweymal vom schwäbischen Bund geschlagen.

Augspurgische Confession 1530. — Schmal-
kaldischer Bund.

Errichtung des h. Bundes 1538.

Entstehung des Jesuiterordens 1543.

Das Concilium von Trient dauert 18 Jahre
von 1545 bis 1563.

Vertrag der Katholiken und Protestanten zu
Passau errichtet 1552.

B. Konrad IV. st. 1544. Neue Bestättigung der herzoglichen Landeshoheit von Kaiser Karl V. 1545.

B. Melchior st. 1558.

Grumbach hetzt Albrechten von Brandenburg
auf, ins Land zu fallen.

Einfall des Markgrafen Albrechts in das Stift,
1551.

B. Melchior zieht mit dem Herzog von Braunschweig gegen Albrecht zu Felde.

Grumbach läßt den Fürsten erschiessen 1558.

B. Friedrich st. 1573. — Räumt den Jesuiten das Nönnenkloster zu St. Agnes ein. — Verfolgt die Lutheraner im Lande sehr.

Er läst die Mörder des Fürsten Melchiors fangen und inquiriren.

Grumbach überfällt Wirzburg 1563. Flüchtet sich als geächtet nach Sachsen, wird gefangen, und geviertheilt 1567.

B. Julius st. 1617. — Erbauet das Juliusspital 1576. — Errichtet die Universität 1583. — Erbauet das Jesuitencollegium, — die Universitätskirche 1591.

Einführung des Gregorianischen Kalenders 1582

Julius errichtet die katholische Ligue gegen die Protestanten 1610.

Die Capuciner kommen ins Land nebst andern Bettelmönchen.

B. Johann Gottfried, st. 1622. Erbauet ein Gefängniß für die Hexen.

B. Philipp Adolph. Er stiftet die Corporis Christi Bruderschaft 1627. Verfolgt die Hexen, und läst seinen Neffen als vermeinten Zauberer enthaupten. Das Kammergericht verbietet ihm die Hexeninquisition.

Anfang des Schwedenkrieges 1630.

B. Franz st. 1642.

Die

Die Schweden kommen in Franken und nach
 Wirzburg 1631.

Gustav Adolph der Schweden König wird bey
 Lützen im Treffen erschoffen 1632. Die
 Schweden haussen noch bis 1648. in Fran-
 ken.

B. Johann Gottfried, st. 1673. Erweitert die
 Stadt, und befestigt das Schloß 1670.

Die Franzosen fallen in Baiern ein 1633.

Niederlage der Schweden bey Nördlingen 1634.

Der Westphälische Friede 1648.

B. Johann Hartmann, stirbt 1675. Die
 Franzosen fallen ins Land 1673.

B. Peter Philipp, st. 1683. Errichtet das
 neue Priesterseminarium oder die Alumnos
 Principis.

B. Konrad Wilhelm st. 1684.

Die Türken belagern Wien 1683. Orleani-
 scher Krieg.

Die Franzosen in der Rheinpfalz. Sie plündern sogar die Gräber der alten Kaiser zu
 Speier aus 1680.

B. Johann Gottfried II. st. 1698. Erbaut
 das Priesterseminarium von seinen eigenen
 Mitteln.

Rißwicker Frieden 1697.

B.

B. Johann Philipp II. Erbaut das Neumünster, die Peterskirche, die sogenannte alte
Hofkammer, das Zeughaus st. 1719.

Oestreich und Frankreich im Kriege miteinan-
der verwickelt 1702.

Friedenscongreß zu Utrecht 1712. Friede
zu Rastadt 1714.

Stiftung der Universität Göttingen 1734.

B. Johann Philipp Franz. Vertrag mit Fuld
wegen der geistlichen Gerichtsbarkeit 1722.
Erbauet für die Soldaten eine Kaserne über
dem Maine, fährt in der Befestigung der
Stadt Wirzburg und Königshofen fort.
Fängt die fürstliche Residenz zu bauen an,
1720. stirbt 1724.

B. Christoph Franz, befördert die Gewerbe und
Manufacturen, giebt Verbote im Betreffe
der Bettler, st. 1729.

B. Friedrich Karl st. 1746. Verbesserte die
Gerechtigkeitspflege, vermehrte den Fond
der Universität, und ließ die Bibliothek zum
Gebrauche der Studierenden eröffnen, und
mit vielen Büchern versehen.

Maria Theresia 1740.

Die Franzosen kommen ins Land 1742. Friedrich II. König von Preussen rükt in Schle-
sien ein 1740.

B.

B. Anselm Franz, st. 1749. Die Nonne Maria Renata von Sänger wird als Hexe enthauptet und verbrannt 1749. den 21 Jun.

B. Karl Philipp, st. 1754. Ein großer Freund der Wissenschaften und Gelehrten.

B. Adam Friedrich st. 1779.

Anfang des siebenjährigen Krieges 1756.

Die Preussen fallen ins Land und Brandschaßen 1758 — 1763.

B. Adam Friederich errichtet das Schullehrerseminarium, verbessert die öffentlichen Landstraßen, verbietet die vielen Wallfährten.

B. Franz Ludwig befördert die Gewerbsanstalten, errichtet Fabricken, Arbeitshäuser, Industrieschulen, das neue Gebäude der Anatomie, Botanik, Chemie, und das vordere Gebäude des Juliusspitals, läßt das Jesuiterkollegium zu einem Priesterseminarium einrichten. Errichtet Getraidmagazine ꝛc. —

www.ingramcontent.com/pod-product-compliance
Lightning Source LLC
Chambersburg PA
CBHW031024120726

47905CB00007B/2031